吉林人民出版社

简体字本二十六史

宋史

卷二一六——卷二二四

（六）

[元] 脱脱 脱脱等 撰
刘浦江等 标点

宋史卷二一六
表第七

宗室世系二

		楚国公守巽	太师虢王世清	太子内率府副率令璿							
				赠少师令廊	赠清远军节度使子謇	伯应					
						伯膺	师瑆				
							师斑				

	伯广	师珹				
		师玠				
		师瑜				
	伯庆	师坚	希楮	与夔	孟玠	
					孟昳	
				与器	孟渔	
	伯铣					
	伯珏	师球	希棋	与嵒	孟澜	由侣
					孟寓	
				与龄		
				与涣		
				与局		
	伯林	师权	希诉	与及		
				与箴		
			希谚			
再赠武经大夫						

	孟镛	与春	希昇	师涛	伯庶	子闵
	孟镨					
	孟钏					
	孟镆	与计				
	孟樸	与泽				
		与常				
		与烨				
	孟潜	与龙	希溢			
		与焰				
		与朕				
		与焃				
		与褍	希充			
		与棖				
	孟持	与制	希良			
	孟梢					
				师焘		
				师嘉		

				由佺	由悰	由欢	由晨	由明								
						孟熊	孟慈	孟悳	孟沛	孟潾	孟渭	孟漴				
与钆	与钔	与镰	与铧					与楹				与榉				
希彦												希祐				
												师仰	师恭	师禄		
															伯廙	伯庠

孟蘢	与鏊		
	与垐		
孟悤			
孟慮			
孟懃			
孟意	与湦	希踽	师仔
孟降			
孟暸	与鋈		
孟宫			
孟⿰日此			
孟⿰日夅	与钞		
孟量			
孟晓			
孟曙	与铈	希拱	
孟坐			
孟僂	与钒		
	与鍸	希回	

孟悉				
	与熣	希民		
	与爟			
	与熿			
	与爀			
	与沂			
				伯庚
				伯康
				伯唐
		希湛	师信	伯度
		希棒	师盾	
		希议	师顿	伯雍
		希淋		
			师垍	
		希绖	师绶	
		希绚	师巡	
		希绢		

		师宿	希柲			
		师兢	希综			
			希缗			
忠训郎子损	伯庩	师闾	希止	与桋	孟仩	由玫
					孟位	
					孟闲	由瑮
						由瑢
					孟僮	
					孟俫	
			希植			
			希贯			
			希稠			
		师琨				
	伯慼	师玥	希镛	与漕		
				与滑		
				与溷		

				希钬		
			师左	希钜	与熇	孟珋
						孟珮
						孟瑷
						孟玳
					与燏	孟璁
						孟瓒
					与燋	孟琪
			师圜			
	武翊大夫子极	伯麾	师琠	希德	与球	孟楧
				希衍	与祐	
			师璆			
		伯鹿				
赠荣国公令轨	封始安侯子扎	伯通	师颜	希咨	与达	
					与遇	

					孟瑞	孟瑃	孟瑀	孟璹						
							与镫	与伎	与伊	与约				
	希建	希偈	希健	希倪			希俱		希霸	希山		希淙		希可
	师陆						师邃		师道	师咸	师贤	师唐		师闵
伯通											伯逢	伯迪	伯迎	
子抡 观察使 赠成州														

伯辽	师劾	希兰	与绍	孟明	由淳
			与容	孟偶	
		希倾	与珌		
		希野	与石	孟璪	
				孟瑫	
	师原	希阅			
		希闰			
		希闳			
		希闿			
		希阍			
	师处	希畊	与白	孟涛	由润
				孟汴	由玻
				孟泠	
		希参	与嚣	孟潩	由恩
					由忌
			与寀		
			与秎	孟淀	由楣

	由护							由樠		由机	由橰	由相	由樨	由忠		
孟琇	孟琨	孟瑾	孟竝	孟岗	孟岭	孟既	孟俦	孟沬	孟溍		孟浺		孟泗	孟瀌	孟沂	孟潭
		与复			与囦		与遣									

	孟极	与籲	希孚
			希行
		与畝	
		与俔	
	孟璨		
	孟玑		
孟溵			
由浮	孟璁	与开	
	孟锴		
由浣	孟铚	与宣	
	孟塾		
	孟垓		
由烷			
由熑	孟堪	与刚	
	孟析		
	孟功	与节	希绛
			希守

由继 由溥 由泛 由镛 由铜 由熹 由镙 由溱 由澻

孟模 孟樱 孟芑 孟埙 孟坰 孟滋 孟涑

与皋 与皓 与曝 与介

希望 希岘

师仚

伯遴 伯适

武经郎子玚 左侍禁子华

赠东阳侯令揭

					三班奉职子璪						
					武经郎子璘	伯兴	师孟				
						伯与	师福	希汕	与堶		
									与堁		
								希舒	与格	孟仩	
									与抑	孟侑	
									与羔		
								希里	与傭	孟㳽	
										孟涤	
									与侁		
									与併		
					承节郎子瑾						
					承节郎子瓛						

			孟榡						孟實	孟寅				孟錤	孟镤
			与讀	与譝	与䜩	与𧬈	与诳	与䜸	与护		与志	与据	与谢	与论	
	希木	希梼	希偰				希侊	希侗					希付	希伟	
	师望		师琴												
	伯璹														
再赠从义郎子珏															

		希傲		
		希休	与謕	孟宪
			与讫	
	师碧	希绶	与谌	
			与遷	
		希维	与棱	
		希绮	与楁	
			与橅	
	师玩			
	师筌	希侥		
		希佰		
		希傔	与椽	孟霈
			与淰	
	师壍			
	师琤	希懯		
伯东	师岐			
	师巘			

与町 与晙 与烟 与炷 与浯 与濫 与濬

希𫍲 希谦 希箱 希淘 希𫍵 希澜 希杣 希珊 希慕 希恶 希忥

师峵 师旬 师嶙 师岷 师巁 师峻 师峙

伯大

								由庚								
								孟玙	孟玑	孟𪻐				孟瑥		
								与咨			与性		与傅	与侑		
希聦	希忎	希恻	希惷	希[illegible]				希哲					希敌		希谠	
				师琢			师颜	师孟				师[illegible]	师庄			
							伯达									
					加赠右	奉议郎	子勉									子勋
					朝请大	夫令韬										

		子勍						
		将仕郎子防						
东阳郡公世茂	太子右内率府副率令黯							
	赠奉化郡公令濬	赠左领军卫将军子飒	伯起	师古				
				师言				
				师善				
				师回				
				师尚	希吕	与谋	孟傁	
							孟僇	
						与调	孟俨	由洪
								由泓

由澶 由泟 由泳 由溶

孟偎 孟傺

与颢

希从

师愈 师仁 师杰

军子璐 伯熹 伯鲲 伯鹏 伯辑 伯寿

子赆 赠左领军卫将 西头供奉官子骅

		与晟	与秀	与稔						与咏	与宾	与惠	与绅	与锏	与瑛	与湢
		希暭	希暐		希燦	希暎	希昕	希昞	希⿰日剌	希鼐		希黯			希傔	
	师愆	师埜								师混					师惩	
伯熹	伯礼															

							希侄	与镰	孟富		
								与澈			
							希俘				
							希佼				
						师患	希棣				
						师怛					
					右侍禁子明	伯惇	师正				
							师禄				
						伯恪					
				赠开国侯令昔	忠翊郎子昪						
					左朝请大夫子升	伯达					
						伯适					
						伯逊					

						伯迪	师沚				
							师潩				
						伯遵	师⿰讠同	希峸	与棴		
								希⿰山庸	与迢		
							师⿰讠见				
							师⿰讠睘				
					赠武经郎子昱	伯奇					
						伯遐					
						伯邀	师语	希俵	与驿		
							师议	希僘			
							师护	希梴			
							师计	希伓	与微		
								希⿰亻圃			
							师谞				
						伯迅	师谕	希玞			
					忠训郎						

武当侯世缋	太子右内率府副率令概	子杲	伯泳		
			伯浩		
			伯淘		
	赠南康侯令赏	太子右内率府副率子玙			
		再赠武略郎子浩	伯林	师达	
				师适	
				师遂	希丙
					希若

由楪

孟宣 孟宇 孟容

与守 与昕 与[日爵] 与昧 与湛

希古 希磩 希侃 希郤 希僩 希价 希像 希傏 希雍 希㝵 希估 希什 希儃

师远 师迪 师选 师奎 师壹

伯权 伯抡

太子右内率府副率令琑	子瑑				
	保义郎子璞				
	秉义郎子琼				
		伯桂			
				希鉴	与穅
			师窣	希锞	
		伯桴	师宁		
				希征	与宿
			师鏊	希僖	
				希儵	与忝
				希俄	

				赠安康郡公令委	右侍禁子洵	伯庠					
					武节郎子渊	伯𬀩	师述				
							师𨓊				
							师𨘢				
						伯昞	师逜				
							师迹				
							师逞				
						伯暶	师𨗵	希倛			
							师𨙻				
							师途				
						伯昉	师迕				
							师遳				
					忠翊郎子瑷						
					成忠郎						

				司空遂国公世该	赠开国公令琮	子玼	伯旼				
						子琢	伯昕	师㐷	希颉	与勍	
							伯晰	师侄			
							伯曦				
						太子右监门率府率子蒖					
						内殿崇班子球	伯祐	师钰	希蠡		
								师昺	希奉		
									希美	与瀜	
										与洨	孟伽
											孟仿
								师升	希文	与唐	
										与蔺	孟价
											孟樛

	由镇															
孟杼	孟榆	孟枞	孟標		孟端		孟檟	孟榚					孟倅		孟溪	
		与铙		与褛	与裖	与代	与偂		与㒑	与儁	与徒	与修	与礼	与榕	与檖	
		希盛		希贳			希晄						希厚			希珠
				师昚												

	伯禔	师仲				
		师傅				
	伯福	师信				
修武郎子瑛						
子晚						
赠武经郎子道	伯槐	师洤	希文	与晦	孟概	
					孟禄	
				与垲	阵[土叟]	
				与[亻能]	孟[山君]	
					孟崽	
					孟[山旨]	
					孟[山尧]	
					孟嵩	
			希囦	与庸		
				与梃	孟玢	由瑸

由沥				
	孟璓	与𢋨		
		与炜	希橡	
			希𢊁	
		与证	希佯	
		与皋		
	孟曾	与峻		
	孟愿			
	孟历	与屿		
		与峄		
		与屺		
		与偒	希𤦲	
		与幸		
			希仙	
	孟涅	与窠	希世	师佳
		与渠		
		与枅		

									与枨	
									与楠	
								希峦	与怏	孟玒
									与[忄宾]	孟泶
									与怬	孟畔
								希裒		
								希晃		
								希尼	与珇	孟悕
									与[辶戊]	
									与迦	
								希且		
								希沔	与襘	孟瑶
									与鏮	孟聚
										孟玩
									与銕	
							师伣	希饰		
							师禟	希演	与錍	

					与僭	孟膯
						孟朣
				希息	与濮	
					与㳆	
			师仍	希蔼	与钥	
					与阶	
				希悛		
				希昌	与镛	
				希栋		
			师视			
			师仢	希侳	与焯	
				希躬		
			师谪			
	子通					
沂州防御使令款	封河阳侯子煜	伯惠				

伯志					
伯贤					
伯颖	师古	希宜	与时	孟瑞	
				孟琣	
				孟瑨	由鍊
			与信	孟瑀	
			与善		
			与穆	孟璲	
	师尧	希仁	与点		
			与正		
			与光		
			与温		
			与兰		
		希俊			
		希僎	与祥	孟湑	
		希倧	与同	孟敏	
			与曾	孟文	

由沃	孟洗		
	孟珣		
由中	孟揠	与升	
由是	孟敷		
	孟惆	与貌	
	孟葆	与翊	
	孟华		
由墐	孟逮	与语	
	孟坚	与采	希仰
	孟介		
			希傅
	孟显	与𪻐	希徙
	孟渫		
			希仅
			希倬
		与漩	希倡
由回	孟议	与理	希仍

								由榴	由檥	由仑	由全					
孟彖		孟⿰王系	孟⿰王余	孟玗	孟珛	孟柴	孟莍		孟栾		孟潘			孟访	孟欢	
与璆	与橙	与寿	与绍		与祫				与亮		与兀	与积	与生		与建	与助
	希佃								希及		希聪					
											师勇					

			由悏	由懔								由儋	由儦	由仁		
孟傔	孟佊	孟备	孟佑	孟佐		孟瑙		孟渫			孟裪		孟琎	孟珸	孟宁	孟官
与琤				与珒		与熊	与班	与环			与玞			与彪		
				希佺	希家	希佸		希俘	希伕	希亿						
					师珰											

由镀	孟璠	与巍	希价	
		与梿		
		与梓		
		与模		
		与榞		
	孟玺	与橡	希侯	
由漳	孟安	与谌	希玫	
		与灏		
	孟槔			
	孟櫜			
	孟橧	与滋	希觋	师文
			希仙	
	孟瑎	与瓃		
	孟瑚	与埵	希房	
	孟佊	与瑫		
	孟俐			
	孟优			

由镄 由铬 由锬 由璛 由仅 由傔 由俭

孟珢 孟珗 孟谏 孟祐 孟褚

与俯 与彻 与衡

希倗 希璁

师一 师范

伯硕 伯顾

左侍禁 子灼 右侍禁 子着 左侍禁

子寿	伯颐	师尹	希谱	与僎	孟初
					孟给
				与倏	
			希黻		
		师姚	希万		
			希栱		
			希玓	与本	孟祈
					孟稀
					孟祢
					孟禝
				与樨	
				与椭	
				与桭	
		师明	希昱	与村	
		师旦	希宋	与铍	
				与铲	
				与镐	

							孟梓
							与杰 与玖
							希荀
师仲							师焦
	伯颢	伯预			伯山		伯亿
			从事郎子锴	从义郎子通	秉义郎子椿	子衡	从政郎子衍
			太子右监门率府率令最		赠朝请大夫令恳	宣德郎令翀	

														由铒	由鏶	
			孟涓	孟湿	孟滐	孟滀	孟椶		孟梂		孟拱	孟杯		孟橪	孟欐	孟栫
	与魁	与璪	与瑂	与璔	与环	与琼	孟琨	与环	与慈		与琙	与玑	与琳			
希沵	希孔					希谊			希周							
师生	师先	师溱														
		伯信														

							师随	希郜			
							师阅	希曦	与[illegible]	孟耸	由宁
										孟睛	
								希沂	与磻		
									与硧		
									与璀	孟循	
									与[illegible]		
								希濉			
							师闵	希琜			
								希问			
						伯仁	师奋				
							师龙	希锎	与瑠	孟坐	由棋
										孟墓	
										孟坒	
									与瑑	孟墟	
									与璒	孟型	
									与玛		

		与瑛	
		与玼	
		与珝	孟台
			孟坛
		与𪻐	
师相			
师专	希言	与祥	孟铜
			孟鉊
			孟钔
			孟钬
		与横	孟渍
	希澤	与视	孟巷
			孟惓
	希酪	与檻	孟沂
			孟浇
		与欉	孟熛
	希球	与叶	

				与棄	
从政郎子卫					
从义郎子术	伯靖	师文	希秿		
			希秚		
			希秸		
		师齐	希穅		
			希崇	与溘	孟邑
	伯樽	师亩	希瑸		
			希鍱		
			希铬		
		师害	希镈		
			希钞		
	伯䇹	师寐	希镯		
			希瑕	与廛	
	伯婔				

						伯翊	师瑾	希⿰亻胃			
							师琇	希僦			
								希偒			
					秉义郎						
					子衎	伯瑀					
					子行	伯茉					
						伯粢					
						伯棃					
				右班殿							
				直令□							
				武经郎	忠翊郎						
				令耸	子津	伯伸					
						伯修					
						伯祥					
			北海侯	朝请大	从事郎						
			世历	夫令术	子绶	伯愈					
						伯达					

						伯泰	师续	希棒	与柄		
							师维	希棫			
								希橼			
							师绮				
							师庭	希发	与涓		
								希瑑			
								希璜			
								希玔			
								希瀞			
							师皓				
							师辙	希得			
		庐江侯守度	蕲春侯世宏	太子右内率府副率令门							
				太子右内率府							

	三班奉职子直	三班奉职子愿	秉义郎子颜	子頫			
副率	赠奉化侯令夫					太子右内率府副率令孙	太子右
					太子右司御率府率世逷	高密郡公世珍	

				内率府副率令⿰讠利							
				赠河内侯令谍	成州团练使子机	伯存					
						伯随	师直				
							师奭	希潜	与璞		
									与琈		
									与琎		
							师是				
							师尹				
						伯履	师文				
							师旹	希通	与袭		
								希迥			
						伯愿	师傅	希⿱宀多			
						伯彦					

忠州团练使令讵	忠训郎子畤				
	忠训郎子仪				
	武经郎子镗	伯裕	师憘	希坰	
			师敬	希锌	与溉
					与汲
					与澹
			师俸		
		伯衮	师禹		
			师文		
			师㕣	希咏	
		伯初	师革	希沆	
	忠训郎子晖				

华阳侯世嵩	赠冯翼侯令媞	禁	伯瑛	师颜				
				师圣				
			伯琰					
			伯瑞	师闵				
				师炎	希介			
					师俞	与近		
						与逵		
					希企	与过	孟傥	
						与迟		
					希畲			
					希仚	与迪		
		武翊大夫子震	伯瑜	师渊	希旦	与立	孟玐	由聪
						与中	孟彪	由衎
				师焕	希逬	与是	孟徕	由楁
								由杬

由[illegible]											
	孟瞌	与邅									
	孟道	与弈	希仲								
由镛	孟逊										
子宜发											
由镨											
由涣	孟逾										
由仙											
由倇											
	孟逢										
	孟迪										
		与伶	希[illegible]	师彦							
			希亨								
			希澄								
			希勇								
		与璛	希沂	师厚	伯[illegible]						
			希浑								

孟清		
孟洽	与偍	希沔
	与迨	
	与迅	
	与逾	希渭
	与临	希潢
孟塱	与硕	
	与佮	
	与敏	
	与祚	希泌
	与缁	
	与俶	
	与伋	
孟譓		
孟才	与仙	希沭
孟玏		
孟钎	与㑃	希潦

				与⿰亻步	
		师厘	希浚		
			希汉	与高	
			希渥	与适	
				与由	孟滔
					孟洁
	伯城				
忠训郎子沐	伯铎	师纯	希谌	与粹	
		师纮	希净		
			希制		
			希股		
		师綖	希语		
		师原	希浟	与息	孟思
				与楧	
	伯镐	师阔	希学	与修	
			希倧	与椐	

							孟垒		孟[土尞]	孟[土坚]	孟壤	孟坜	孟垟	孟壚		
与梧	与臬	与采				与煓	与炛	与爊	与熺				与焊			与熹
	希偵		希傕	希儁		希柔							希[穴木]		希取	希渠
	师高				师渊	师王										
					伯聪											

				与泰
		师京	希质	
		师汝	希冲	
	伯暄			
承节郎子霙				
右班殿直子霽				
保义郎子䨲	伯坚			
保义郎子□	伯格	师浒		
	伯议	师富	希态	与挥
				与抴
				与捅
			希𢛁	
			希𢙣	与□

				希怭
			师浚	
			师纶	
			师淯	
		伯裔		
	保义郎			
	子雱	伯料		
		伯绍		
	忠训郎			
	子霖			
赠高密	修武郎			
侯令勃	子琦	伯奭	师政	
	武翊郎			
	子琏	伯斑	师回	
			师闵	
		伯与		
		伯與		

赠太中大夫子琀	伯栩	师傃	希惎	与眦	孟璪
				与䞍	
			希思	与淙	孟镝
			希恣		
		师伏			
	伯弼	师俣			
		师偲			
		师仅	希诜	与铗	
			希详	与芇	
			希诫		
			希觇	与藩	
			希穗		
		师偆	希穗		
		师亿			
	伯班	师倬	希操	与岘	

								与塈					
					赠中大夫子琇	伯□	师渊	希志	与枡				
									与扛	孟祠			
										孟禴			
										孟祫			
									与搼				
								希云	与摫				
			嘉国公世括	房国公谥孝恪令稼	□□□□□								
						伯𬀩							
						伯𬀪							
						伯晣	师佥						
						伯㬚							
						伯晖	师佥	希寰					
								希释					

			希邻		
		与琥			
		与璲	希蕴	师羔	
				师更	伯暅
					伯晛
					伯睽
					伯晤
	孟涧	与富	希凝	师缜	
	孟濆	与睬	希诚		
	孟淦	与岩	希骋		
		与璐			
	孟滲	与褒			
由倘	孟沚	与冠	希孝	师戬	
			希芸		
		与垕	希堃		
			希芬		
			希纮		

			希法	与格	
			希骙		
		师龙	希国		
			希谚		
			希谱		
			希□		
训武郎子育	伯□				
修武郎子元					
成忠郎子褒					
修武郎子爽	伯昨	师斐	希遵	与溢	孟欢
				与广	孟瑑
				与康	孟琥
			希遏	与琀	孟濆

		与茉	希迺	
		与芮	希玠	
	孟棁			
	孟榭			
	孟梗			
	孟颖			
	孟榞			
	孟股	与薇		
由焘	孟端	与赫		
由烈	孟容			
	孟概	与华	希丞	师意
		与溢		
	孟璥	与淮		
	孟璐	与潍		
	孟玿	与濋	希迥	
			希迎	
	孟沩			

		与遂			
师雅	希秩	与衮	孟沣		
			孟潢		
		与京	孟均		
			孟谱		
			孟需		
		与袤			
		与奕	孟涯	由杞	
		与衷	孟锴		
	希遒	与瓒	孟泰	由栋	子宜欢
			孟泽	由柏	子宜[illegible]
					宜爊
					宜烨
					宜熺
					宜焕

	孟游	与莹	
由梓	孟洽	与琫	
	孟沨	与璲	希边
由檥	孟镄	与琮	
		与球	希□
	孟淯		
由枢			
由橦	孟溱	与瑭	
	孟澍		
由植			
由樵	孟溶	与瑜	
	孟漉		
由柟			
由檀	孟渚		
	孟漺		
由棣	孟消	与瑄	
由構	孟潜		

			由杭											
孟淇		孟泌	孟沥	孟漉	孟澜	孟昄	孟汥	孟暿	孟曜		孟琮			
与琝	与瑰	与琚			与玢		与徙			与秅	与绹	与缔		
	希遒						希莲			希暗				
							师倜			师徇				
										伯晙				
													忠训郎子亶	忠训郎子齐

希纪
希偅
希证

师与
师月

伯晦

保义郎
直子钦
右班殿
职子□
三班□
子□
右□□
子褒
子元
子夷
子辛
成忠郎
子亦
修武郎

侯令叟
赠博平
侯令门
赠博平
侯令叟
赠博平

					子导						
				赠华阴侯令蜕	秉义郎子国						
				赠右金紫光禄大夫令升	赠朝议大夫子卓	伯观	师谊	希嵎	与夏		
								希洙	与葛		
									与注		
									与淠		
							师讱	希放	与瓛		
									与瓃		
									与坚		
						伯谦	师北	希狌	与泓		
						伯鼎	师熺	希奥			
							师嵼	希恤			
						伯晋					

赠金紫光禄大夫子英	伯□	师渊	希⿰忄子		
		师籌	希恔	与初	孟沼
				与祐	
				与祎	
			希惬		
			希慔		
		师游	希⿰忄曳	与稭	
				与嵒	
				与⿱北山	
			希憯	与从	
		师夏	希㤭	与科	
			希⿰忄弋	与穗	
				与稷	
			希懻		
			希⿰忄宅		

孟王

与玩 与[illegible] 与誓 与医 与謇 与尨 与概 与毋 与譣 与杨 与棹 与桓 与札

希倬 希夏 希兖 希岩 希亮 希尨 希樽 希崟 希扃 希庚 希庝

师舆 师端 师登

伯浇

		希庤		
伯洙	师雍	希贤	与焄	孟养
		希冲	与丝	
			与熛	
	师原	希㤼	与囿	
	师颒	希㬎		
		希懤		
		希恿		
		希忿		
			与炗	
			与慝	
		希慇	与彗	
伯渲	师开	希佊		
		希倿		
	师羽	希𢕟	与𬣳	
		希僠		
		希侻		

伯浒								伯沄	伯沂							
师抗	师郢	师乘			师宫		师畊	师折		师羔	师都			师愳		
希炤	希遻		希遣	希迶	希迥		希逭			希夭		希仙		希微	希传	希佃
						与涵	与派			与隼		与諴	与沅	与遂		与讲

			师僜	希焜	与檿
	子蒙	伯巽	师钋	希琦	
			师钥	希滵	
				希浍	
				希洊	
				希𬇙	
				希溙	
		伯趾			
		伯泰	师茧	希回	
				希奕	
武显郎令汲	赠武义大夫子正	伯禹	师涉	希玥	与精
					与杜
			师喻		
			师震	希𫇭	
				希屿	

													孟徆			
与仿	与俾		与俶	与偭	与倴							与褙	与袿			
	希逷	希透	希逪		希递	希邀			希谢	希诏	与洱		希溯		希佖	
	师珑	师琉			师玧	师理	师瑊			师琊			师珠	师锡	师斑	师瑚
							伯凭	伯意					伯憼	伯惠		伯戆

			希辻		
		师珑	希柨		
修武郎子韶	伯熙	师璮	希梧	与溦	
				与琫	
			希樽	与沅	孟愃
			希椽	与泷	孟急
					孟恝
		师珇			
		师瑾	希月		
		师玼	希桃		
			希槁		
			希槢		
		师璇	希桀		
			希楀		
			希棒	与烰	
				与燧	

								希枹			
							师现	希墂	与镨		
								希堰			
							师瑀				
							师灵	希消			
								希洟			
						伯悆					
						伯忐	师浑				
							师凭	希怀	与促		
								希𬣡			
							师翰	希钻			
					赠训武郎子师						
								希雍	与濒		
								希席			
							师劼	希橞	与煟		
								希楤	与𤩭		
									与𤪌		

							与珓			
							与⿰王亢			
					师劝					
					师饬	希桦				
						希⿰木鸟				
						希栏	与⿰火公			
					师⿰石力	希⿰钅式				
					师劬	希楈				
						希⿰木衣				
						希桧				
					师勮	希腆				
		武翊郎令沖								
	□国公世著	嘉国公令出	朝散郎子□							
			子琳	伯祥						
				伯和						

		伯壙					
		伯韶	师古				
			师老				
		伯敔	师文				
	左侍禁子修	伯鏧	师旦				
			师杰				
		伯湦					
		伯燮	师煜				
赠左长卫大将军令沈	右班殿直子憪	伯愿	师章	希辙	与骧		
					与显	孟源	由袮
					与刁		
					与渚		
					与泮		
					与骙		

孟俐	与杞	希轼			
孟焞	与桧				
孟熘					
孟优	与橡				
孟仏					
			师向		
	与说	希杰	师岘		
孟墅	与明				
孟观					
孟桻	与淀				
孟垓	与桸				
		希潣			
	与玢	希瑟	师勉	伯宪	
			师謏		
				伯悉	
					文林郎子楞

莱州防御使令敹	成忠郎子昂					
	保义郎子聪					
	保义郎子发					
成节郎令泸	忠训郎子迪	伯哲	师倩			
			师强			
		伯亘				
		伯宜	师宔	希畀	与仪	
				希偹	与雱	
					与浓	孟璠
					与淡	
					与漠	
	忠训郎					

			子邅						
			忠训郎子運	伯娓					
			子遭						
			成忠郎子达	伯旦					
				伯新	师毕	希微	与泺		
						希仅			
					师畏	希穆	与涞		
						希稷	与渎		
		修武郎令樵							
滏阳侯守廉	华原郡公世奉	赠建安侯令费	右班殿直子锐						
			再赠武经郎子镜	伯达	师韩				

	师松	希悦	与瓖	孟濎	
				孟沅	
		希惜	与迒		
			与迆		
		希怜	与滵	孟珚	
		希恲			
伯适	师宜	希殳	与孖	孟[illegible]	
		希骲	与久		
			与秉	孟棫	
		希刹	与玚		
		希淡	与珇		
		希剡	与璊	孟沌	
				孟泺	
				孟濮	
	师郕	希霍	与侗	孟珹	
			与倪		
			与仏		

									与偆		
						伯逵	师瀞				
							师伾				
							师𫍣				
						伯遵					
						伯遂	师奭				
							师簬	希令			
								希熄			
					保义郎						
					子镗	伯述					
					子铨						
					子镣						
					子锐						
				武经郎	忠翊郎						
				令磅	子钺						
					子锜						
					成忠郎						

	与觌	希筥	师尘	伯造	子铣
	与持				
	与榈				
		希芊			
		希簬			
	与俐	希笭			
			师元		
			师齐		
					子[illegible]
					从义郎
孟侹	与镑	希枋	师杞	伯过	子鉴
孟[illegible]	与锞				
孟[illegible]					
孟玏					
孟璮					
孟滑	与侗	希樸			
孟凑					

	孟筌									孟瑂	孟环	孟瑿	孟珴			孟添
与祎	与燫		与潠	与濙	与烽	与斤	与窑	与穷				与满	与浔	与崋	与佼	
希砺	希硫	希硧		希岘	希刘			希戆	希瑂				希愬	希会		
									师□				师燓			

伯	师	希	与	孟
		希渠		
伯遴	师仂	希璒	与熵	
		希凉		
			与健	
			与倧	
	师岱	希洲	与征	
				孟璊
			与宁	孟琢
	师诔	希贻	与倰	
	师访			
	师侃			
		希淄	与初	孟塔
伯逖	师铸	希海	与椙	
			与泿	
		希碓	与洭	
			与渑	孟塔
	师禰	希吁	与汈	

							师主	希□	与皋	孟襦	
								希禾			
							师倍				
							师戬	希烱			
								希熢	与宁		
									与乔		
									与寏		
									与宷		
							师亢	希璹	与宁		
					中翊郎子镛	伯逞	师球	希津	与櫂		
									与枞		
									与侳		
						伯□	师璝	希清	与樹		
									与柲	孟讯	
										孟誧	
										孟谔	

							孟𬤊							孟逕	孟镤	
			与杯	与祔	与檽	与桐	与櫘	与杕				与玎	与杬		与梜	
希湘	希沦	希滏			希渻			希濮	希庙	希纩	希淤				希汗	希洄
	师珏								师珍							
	伯逾															

			希滑	与蘖
			希溇	
			希泛	
			希浔	与朊
				与递
		师珲		
赠中奉大夫子镠	伯迭	师光	希晙	
			希稷	与琍
			希庞	
		师分	希溱	与俌
				与佫
			希淦	
			希缑	与渺
				与潍
			希僩	与枨

					孟杰	孟傆										
与师		与蕃	与茝	与兰	与荃	与蓂	与苹	与荄				与鏊			与僻	
	希故	希系		希婴	希絜	希綮		希珧		希钘	希圩	希堤		希衷	希鲲	希遐
	师放				师沆			师竦	师准	师琦		师邕	师叟		师咨	
									伯迻	伯迴						

					子颙						
					子颢						
					子显						
				左班殿直令芳							
				西头供奉官令西							
				右班殿直令趁							
				右班殿直令岊							
		西头供奉官守康									
	右千牛卫将军惟固										

宋史卷二一七

表第八

宗室世系三

	舒国公惟忠	东莱侯从恪	安陆侯世安	太子右监门率府率令展							
				景城郡公令超	再赠奉国军节度使子翱	伯演					

	伯愿					
	伯雍					
	伯温					
	伯良					
	伯恭	师尹				
		师锡				
		师道				
		师古				
	伯钦					
	伯惠					
	伯义					
训武郎子宴	伯鱼	师仁				
		师智				
	伯山	师云				
		师立	希瑠	与功	孟迼	由祐
						由付

					孟迎	由僐
						由信
					孟迁	由涾
						由泮
				与珪	孟逑	由楕
						由玐
						由果
			希聍	与闰		
				与明		
			希睛			
			希聃			
	伯饶					
左侍禁子诩	伯潜	师亲	希岩	与谟	孟淏	
				与锡	孟槚	
			希崖			
			希耑			

						孟涂	孟贤						
与筹	与璞					与诤	与谣	与讨					
希审					希深	希缟			希绿	希班	希裖	希镳	
				师挚	师蒙				师白		师權	师悦	
			伯丕	伯偕									伯端
		右班殿直子翱	武义郎子翊										承节郎子翓

			伯璆					
		承节郎子翮						
博平侯世融	赠华原郡公令晏	再赠朝请大夫子激	伯光	师望	希颜	与坚	孟宽	
							孟惪	由槻
								由[illegible]
								由楠
								由櫰
				师一	希圃	与佐		
					希华	华备		
						与僖		
					希各	与偕	孟湜	由倛
								由进
								由德
						与僎	孟漪	

	孟珐	与迈			
		与迎			
		与迁			
由璐	孟珥	与随	希久	师益	
				师老	
				师孟	伯元
			希瑠		
		与逮			
	孟爊	与迴	希琇	师夔	
				师契	
				师稷	
				师心	伯元
					伯充
					伯常
	孟溓				
	孟汝				
	孟洊	与僚	希勣		

		与橯	希诜			
		与戇	希说	师逾	伯觊	子溥
						武节郎
						夫子滺
						朝请大
					伯允	
			希耎			
		与敷				
	孟鏴	与珦	希宝	师鐳		
			希庄			
			希英			
	孟滐					
	孟湝	与机	希杰	师常		
	孟梱	与璝	希祉	师久	伯蒉	
					伯先	
				师直		
	孟珀					

		伯观	师翜	希璿	与棚
					与柃
			师成	希琮	
			师古		
		伯亲	师迅	希熏	与迁
			师逍	希堺	
				希埣	
		伯觌			
赠华阴	封汝阴				
侯令葳	侯子春	伯强			
		伯僖			
		伯赖			
	封嘉国				
	公子剧	伯昂	师道		
			师延		
			师通		
			师遇		

	师宣				
伯昺					
伯旻	师厚	希鲤	与实	孟铸	
			与赐	孟铭	由堉
					由壇
					由[illegible]
				孟镛	由[illegible]
	师援	希聃	与倌	孟倧	由濡
					由[illegible]
			与佯		
		希寄	与锐		
			与洿	孟锴	
			与沧	孟钌	
		希演	与教		
	师接	希位	与舜		
		希虑			
		希彤			

		师揑	希智		
	伯晔	师傅	希崇	与民	
			希固	与偳	孟稀
					孟杕
					孟樜
					孟檫
					孟櫆
					孟梼
				与儹	
				与偕	孟仙
					孟倖
				与億	孟偶
					孟佾
					孟儦
	伯悬				
	伯纍				
太子右					

		内率府副率子房			
		子侑			
	太子右内率府副率令班				
洋川侯世昌	赠济阴郡公令襄	太子右内率府副率子阳			
		从义郎子陵	伯震		
			伯友		
			伯通	师钺	希瑕
			伯达		

		子淳	伯允		
			伯虎	师祥	
				师损	希满
			伯元		
	太子右内率府副率令婕				
太师鲁国公世规	赠汉东郡公令琮	贺州防御使子纶	伯禼		
			伯臻		
		右班殿直子绚			
		三班奉职子纺			
	赠洋国				

						公令臧	子浚				
							子睿				
							忠训郎坐事免子虔	伯迪			
								伯遷			
								伯抗	师绂	希[氵庶]	
										希镏	
									师瑰	希贾	
										希[火皆]	
									师瓃		
						赠襄阳侯令龟	太子右内率府副率子囊				
							封蕲春侯子贯	伯玙			

	伯璋			
	伯玑			
子贡				
武节郎子赘	伯益			
右班殿直子贺				
承议郎子贤	伯珙			
	伯琛			
左朝请郎子贲	伯寿			
	俾威	师禛		
		师校		
	伯迁	师儁	希铁	
			希镛	与篴
				与筩

					与遗
				希镀	
				希铨	与枹
				希镈	
				希铳	
	子赞				
	子质				
赠广陵侯令巍	从义郎子缓				
	武翊郎子绛				
	子维				
	朝奉郎子镇	伯仑	师济		
			师沔	希珌	
			师源		
			师潼		

				希瑾		
		孟伃	与镳			
			与箕	希璨		
			与藻			
			与寮			
	由壸	孟佀	与谅			
			与善	希玠		
			与谦			
		孟淄	与铝	希珙	师漽	
			与锷			
			与铨	希瓘		
			与翼	希璊		
				希琇		
				希玴	师湜	伯仙
				希瑜	师澄	
					师沂	
					师滋	

					太子右	赠洋川
					子缉	
					保义郎	
			师沃			
	与志	希集	师渊	伯偁		
孟熩						
孟濙	与傃					
	与侪	希琉				
	与姻	希璲				
		希瑞				
		希琎				
		希琰	师洸			
	与夏					
孟瑶	与共	希琦				
	与述	希琍	师淘			
	与良	希玚	师瀚			
		希琇				

				伯棨	伯篪	伯虎										
大夫子	右朝请	直子枃	左班殿			子亿	武德郎	子健	忠训郎	子仪	左侍禁	子仪	武翊郎	吁	副率子	内率府
															白	郡公令

亮	伯适	师晔	希闻	与溱	孟櫄
			希闺	与充	孟礽
			希炬	与煜	孟琭
				与珧	孟标
			希燎	与岳	
				与岗	
			希阐	与绸	
				与缅	
				与绘	
		师卦	希间		
		师升	希关	与轮	孟谊
				与谟	
			希阖	与优	
				与僮	
			希闳		
	伯造	师华	希冢		
		师悯	希杜	与偈	孟镛

					孟镳	由琮
						由璿
					孟铟	
					孟镄	
				与仰	孟镇	
					孟钺	
				与仟	孟铂	
					孟荐	
					孟锖	
			希但			
			希缵			
			希缄			
训武郎子侃						
忠翊郎子伷	伯仝	师遥				
	伯余	师逭	希稜			

							师延	希祒	与檄		
				右屯卫大将军令讲							
				赠宣城侯令亻							
					三班奉职子皓						
					三班奉职子晖	伯栞					
					左侍禁子暄	伯褒	师骧	希向	与玑	孟鍝	
									与琏		
								希旹			
							师驕	希谷	与昭	孟本	
									与旻		
							师驯	希奇			

								希言			
								希珂			
								希敞	与曨		
								希叶	与昳		
							师駜	希埇			
			右监门率府率世猷								
			右武卫大将军世衡	太子右率府副率令若							
				太子右监门率府率令特							
		韩国公从蔼	右骁卫大将军								

			世丰武当侯世宣	和国公谥孝荣令铎	赠青州观察使子贱	伯诜					
						伯说					
						伯讽	师古	希禼	与义		
								希游	与盈		
									与庄	孟仕	由迈
											由选
											由⿺辶登
											由通
											由逵
											由遡
										孟僖	由迪
										孟俭	由⿺辶洣
											由⿺辶重
									与凯	孟修	由遵

										孟僔	由暹
							师庄	希绳			
								希潍			
								希浃			
						伯毛					
						伯达					
						伯诚					
						伯奭					
						伯虎	师直				
					修武郎子丕	伯立					
				赠右屯卫大将军令进							
				赠广平侯令祷	三班借职子有						
					左班殿						

	直子琉					
	右班殿直子充					
赠东平侯令梼	训武郎子平	伯达	师旦	希伯	与枚	孟酌
				希合	与溆	孟檀
				希成		
			师瑒	希罡	与璓	孟堵
						孟壕
						孟埭
					与珮	孟埋
						孟埤
						孟垠
					与璆	
				希亮	与雍	
				希衮		
				希揔	与琲	孟镠

				孟锈	
伯恭	师娓	希昌	与洁		
			与璠	孟钓	
				孟鐩	由得
			与玗		
			与琛	孟依	由洤
			与玲	孟锜	
				孟霆	
				孟⿱雨⿰耒彡	
				孟歪	
		希允	与璋	孟㑮	
			与琏	孟仅	由蓮
				孟佳	由違
					由远
			与瑶	孟仙	由渊
					由近
				孟侊	

							由洊		由槼					由澍		
孟儛	孟佪	孟仉	孟伟	孟证	孟镳	孟镆	孟锖	孟塙	孟倕	孟依		孟傢	孟俯	孟侃	孟侊	孟侔
与琥			与瑞	与玫			与璟			与琪	与珠				与珍	
			希俨												希迹	

孟伍								
	与瑕	希同						
	与瑵							
	与瑥							
孟岊	与珥	希肆						
	与𤩰							
孟岳	与琾							
孟岱								
孟峦								
孟瀫	与琱	希载						
孟浮								
孟激								
孟溗								
		希霁						
	与瑊	希峤						
	与玶							
	与璌	希倩						

由畲	孟倂			
	孟偿	与逖		
		与造	希钦	师仍
				师德
			希佪	
		与寘		
	孟璙			
	孟玫			
	孟璆			
由禧	孟璘	与宅		
	孟琊	与寅	希濯	
	孟𤩽			
	孟珵	与宥	希富	师信
			希附	
	孟致	与[illegible]		
		与珼		
		与瑛		

	孟僀		
		与这	
		与莲	
	孟埙	与訾	希楛
		与谖	
	孟特	与谙	
		与讽	
		与谇	
	孟僬	与玲	希秉
由涳	孟复	与玞	
	孟僮		
	孟杰		
	孟渿	与琙	
		与琬	
	孟溉	与珈	
		与玅	
		与瑄	希欢

						由埼
						由埨
						由埈
					孟悊	由垾
						由坺
		师公	希纲	与烝	孟愈	由坤
			希瑄			
				与径	孟还	
					孟逢	
					孟迢	
			希瑰	与循	孟进	由濮
			希琡	与衠		
	伯庚	师谧	希球			
	伯虑					
子常	伯恕					
秉义郎						
				与璬		

		与⿰礻比	
		与⿰礻求	希绒
		与祖	
	孟憨	与⿰礻厉	
		与⿰木婴	希绚
		与⿰亻惪	
	孟莘		
	孟莩		
	孟荐		
	孟萱		
	孟恩	与从	希珸
			希统
			希绅
	孟⿱某心	与党	
		与僬	
	孟涫	与⿱任灬	
	孟⿱雷心		

			与禋	
			与祑	
伯森	师汪	希林	与佀	
			与仍	
			与休	
			与俌	孟镀
				孟铧
				孟锆
			与仙	孟僎
		希茹	与烈	
			与傔	
			与佼	
		希栎	与待	孟柎
		希杓	与伴	孟鍪
				孟钡
				孟鐎
			与佩	孟鐍

				孟钘	
				孟鍌	
				孟麃	
			与佫	孟鑗	
伯康	师诲	希埴	与源		
		希垺	与迹	孟游	由槐
					由栱
					由樾
				孟港	
				孟濻	
			与速	孟汻	
		希增	与迈	孟涓	
				孟洵	由菜
				孟溍	由檏
		希埄	与遵		
			与遽	孟清	由钒
					由福

		希坰	师谓			
		希墺				
		希均				
孟珪	与费	希壆				
	与赋					
孟珉	与際					
	与𬀪					
	与资					
				伯赓		
					子賂	
					忠训郎子摯	
			师孟	伯谦	训武郎子励	赠奉化侯令僖
				伯训		
		希元	师粲	伯谨		
		希宏				

			希实		
			希宴	与尧	
				与璮	孟镝
		师粟	希斌	与绩	
				与侃	
				与偲	
			希珃		
			希柏		
		师臬	希溶		
			希洌		
			希樽		
子戬					
武德郎子威	伯戬	师剡	希积	与唫	
			希弼		
			希升	与玗	孟墫
					孟圢

				与楣	孟瑑
				与昴	
			希炳	与僳	
			希锡		
	伯述	师章	希节		
武翊郎子奎	伯迪				
右侍禁子隐					
			希爊		
				与瑓	
		师坤	希烽	与玦	孟禧
				与宾	
					孟椙
					孟樠
	伯恭	师统	希淑	与骞	孟倌
			希庭		

	孟钻	与兴		
		与坒		
		与粲	希起	
			希晔	
			希绩	
	孟溦			
	孟榭	与璩		
	孟镶	与珣	希卓	
由理	孟鍢	与侔		
	孟鉼			
由廷				
由玥	孟钺	与侍		
由璄	孟镕			
	孟铺	与傅	希进	
			希有	师勋
	孟墉	与廪		
	孟珙			

						由爁	由烟									
	孟稙	孟稽	孟䅉	孟瀌		孟憺		孟悁	孟性	孟惺	孟懔	孟憕	孟忖	孟慆	孟忤	孟恤
	与赍		与腆		与贉	与官		与审	与寄		与宝		与害	与𡧪		
希道	希锐					希裕										
	师钊															

孟珠		孟琮							孟稌						
与观	与觐	与晛	与靓	与琉	与瑜				与杜	与垟	与拝		与泉	与霓	与震
希苌				与继				希式	希渡	希活		希汜	希涀	希淩	
						师抚		师钜							
						伯适	伯俊	伯仁							
							保义郎子敦								

		与拯		
		与拭		
		与撒	希渼	
		与垤		
		与慨	希汗	
		与倜		
		与仂		
	孟璊			
	孟翌	与佱	希沩	
			希洙	
			希畴	师特
			希沥	
			希淀	
			希洇	
		与迖		
		与遹		
		与遻	希淌	

		师操	希浄	与嵲	孟𤇾
				与栗	孟炫
			希浣	与东	
				与梗	
			希价	与櫺	
				与梿	
		师鐇	希湔	与椆	
				与橀	
			希濯	与枥	
			希汃		
			希潇		
赠训武郎子皋	伯晫	师宁	希昜	与洛	
				与淮	孟侠
					孟僾
				与潲	孟梲
					孟榜

		与浗		
	孟杬	与浩	希真	
	孟梯			
	孟杯	与湜		
由煌	孟机	与潭		
	孟杈			
	孟档			
	孟挄	与润		
	孟柯	与杚		
	孟榊	与汴		
	孟悳			
	孟柎			
	孟檏	与澲		
	孟稼			
	孟梩	与泮	希种	师宇
	孟格	与溔	希稹	
		与涪		

师寴	希焄	与濮	孟柾	
	希熝	与濂	孟梌	
		与湇	孟橪	
			孟椶	
		与滬	孟楎	
	希㬎	与洁	孟梧	
		与溥	孟柗	
			孟栻	
师窑	希錧	与潚		
		与汶	孟植	由璧
			孟柏	
		与潞	孟杲	
		与洸	孟渠	
			孟梁	
			孟棐	
			孟㮚	
			孟果	

											由燐					
孟柜	孟檀	孟樸	孟檄	孟棱	孟棣	孟榆	孟杭	孟枋	孟镰	孟鍱	孟铱	孟櫑	孟樨	孟椹	孟棻	孟樵
	与泾								与洔		与浟	与澤		与沣	与浣	
												希鐇				

					伯泰
				师道	伯昊
		与溱			
		与潅			
		与沼			
		与溪	希坌		
		与浚			
		与泛			
	孟椆	与沆	希琍		
	孟校	与泞			
		与淦	希垒	师丐	
	孟鉒	与海	希杰	师宠	
	孟梣				
	孟榴				
	孟枝				
	孟柘				
	孟梠				

伯常	师荣			
	师进			
	师邍	希峕	与巘	
	师寘	希冠	与伉	孟澈
				孟滐
		希上	与镨	
			与镄	
			与钠	
		希巩	与樽	孟襄
		希峕		
		希馨		
		希僥	与儶	
伯安	师岳	希浙		
	师广	希罿	与𬣡	孟瑀
				孟𬉼
			与谙	
		希牷	与訵	

									与⿰讠奉		
							师⿰纟军	希標			
								希燿	与冲	孟⿰钅逢	
										孟⿰钅豖	
									与涛		
									与涉		
								希煋			
								希燠			
								希贲			
					子晕						
				赠永宁郡公令变	东头供奉官子戴						
					保义郎子夏						
			成王世准	太子右内率府							

				副率令玃								
				太子右内率府副率令坦								
				赠右屯卫大将军令音	从义郎子渐	伯长	师正	希仲				
								希沅	与移	孟燿		
										孟熄	由[土兹]	
											由坦	
										孟焆	由埍	
										孟爆		
									与樟	孟烽		
										孟炔		
									与梅	孟炜		

						孟烽	
						孟煾	
						孟熽	
						孟𬊤	
			师闵				
		伯成					
		伯强					
	右班殿直子涓						
赠太师淄王世雄	赠太傅谥恭宪令铄	再赠少师子漪	伯抚					
			伯柄					
			伯璆	师谆	希实	与言		
						与回	孟愉	由浚
						与譱		
						与商	孟钇	由逷

			由坊									由蓬	由述			
		孟杰	孟焄	孟璋		孟锞	孟铜	孟镫	孟鉡				孟麟			
与详	与悳		与隽	与悉		与逦			与谌		与谈		与拓	与溢	与求	与行
希纶				希经	希易				希寮	希置	希宏					
				师淹	师严											

	师直	希范	与廉		
			与庠		
		希模	与庚	孟桄	
				孟檜	
			与度	孟杠	
				孟榉	
				孟榎	
			与[illegible]		
			与宰	孟槟	
			与厥		
			与庎		
	师望				
	师旦	希傅			
伯牛	师愿	希偭	与[illegible]		
			与进	孟熯	由升
				孟烗	由陣
			与湘		

				与程	孟玠	由复
					孟春	
			希义	与俭		
				与炬	孟涓	
				与璊		
				与珴	孟潒	
				与怺		
	伯材					
	伯玕	师古	希盅			
			希韩	与衢	孟愰	
太庙斋郎子浙						
承务郎子溴						
儒林郎子深	伯瑶					
	伯瓘					

累赠太师子湆	伯言	师德	希叔	与志	孟瑜	
				与稏	孟晁	
					孟琦	
				与悆		
				与㐏	孟慔	
			希虎	与义	孟淉	由瓂
						由珍
						由瑘
						由玅
		师愈	希偭			
			希憲	与焗	孟僡	
				与熔	孟儁	
				与燔	孟健	
				与烤	孟僎	
				与焷	孟仲	
					孟佚	

孟仴				孟楢			孟焟	孟溶	孟滉	孟溯	孟潕	孟傒				
	与熫	与戆	与涌	与晏		与堅	与熽	与[illegible]		与徫		与得				与[illegible]
		希臣		希溘	希綦	希雱	希夔	希远					希愁	希峪		希[illegible]
		师硕			师睍		师道						师白	师回	师瑑	师潓
							伯鱼									

				希恂	与采	孟浩
						孟滨
						孟溢
					与臬	孟玑
					与壅	孟璠
						孟望
		伯伦	师明			
		伯益	师闵	希标		
				希丙	与琱	
		伯建	师榭	希遇	与潢	
					与浚	
			师范	希遒	与夔	
赠少师房陵郡公令甄	再赠太中大夫子涞	伯杰				
		伯桎	师炜			
			师点			

							师黯				
							师默	希礼			
								希基			
								希垷			
								希垠			
								希坼			
							师⿰黑勿				
					中奉大夫子沂	伯檦	师炳	希垚	与仁	孟修	
										孟⿰王斥	
									与文	孟仟	由闶
									与旹	孟藡	
									与翔		
							师灼	希壎	与轼		
									与辚		
						伯椿	师炤	希墀	与鍾		
									与镕	孟玶	

						孟玖	
				希城	与佚	孟瓒	
						孟玛	
					与译	孟铢	
					与诵	孟镕	由登
						孟璪	
					与谘		
					与鋆	孟墩	
	三班奉职子淳						
赠武当侯令恂	子评						
	训武郎子衿	伯纯	师学	希愚	与亲		
					与沾		
				希柳			
				希觉	与儇		

				孟珣	
		希蕚	与玳	孟似	
		希漭			
				孟玗	
			与坺	孟琎	
		希荧	与堦	孟珙	
			与能	孟津	
伯缜	师周	希举	与柔	孟颖	由熏
			与犄		
			与炓		
		希杉	与𬱖	孟栅	
		希𬤇	与烽		
			与锭		
		希挺	与鑈		
			与镌		
	师倛	希篪	与镨		
			与偦		

		师艰	希巍	与慧	孟庄						
					孟陈						
					孟苜						
					孟葑						
				与英							
				与谨	孟施						
					孟需						
				与昃	孟缣						
					孟絪						
		师朝	希镐	与芝							
				与其							
				与许							
			希饷								
		师垓	希滋								
			希樌								
武经大夫子杤	伯平	师秉	希愭	与凝							

				与涂	
			希理	与漉	
秉义郎子禄					
承信郎子裕	伯纪	师镕	希午	与贸	孟坤
				与仢	
				与沍	
			希鮢	与谔	
				与謇	
				与傪	
				与儦	
			希干		
	伯纶	师溇	希谓		
			希谇		
			希诐		
		师铨	希谙	与昈	

			师汾	
		伯经		
		伯绅	师效	希蕗
				希槛
				希揭
	子杜			
赠正奉大夫令郯	修职郎子峣	伯栝	师傂	
			师俞	
			师柞	
	朝散郎子岷	伯林	师善	
			师德	
			师直	
	赠左朝请大夫			

孟辑		孟倚	孟佖	孟倂	孟假				孟沓	孟尧	孟僎	孟徕	孟徽			
与鍗	与锴	与登					与葳	与璃	与琲		与声					与诔
希硕						希谦	希皓	希乐			希壍				希烈	希仿
师愚							师奭				师憕			师宽	师翿	
伯履																
子嶙																

									与訔		
								希史			
								希倞			
							师贽	希昆	与侅	孟瀸	
										孟湢	
										孟浦	
										孟溦	
									与僩	孟澗	
										孟洁	
								希岗	与伺		
									与徭		
									与侯		
								希崃	与溧		
									与偭		
						伯忌	师赤	希奥	与镇	孟濮	
								希贤	与烗		
									与熺		

与桀	与玏	与奥		与棚	与檍	与郜	与蒨	与茌	与莆	与蔍	与澄	与滾	与澋	与煡	与吁	与颣
希漇	希铍	希鹈	希彖			希鹄				希禭			希廉			
						师偃										

		师伊		
		师仲		
		师传	希箫	与珲
				与琔
				与镑
				与锑
			希嵫	与钣
		师畅	希珛	与濮
				与㳂
			希鋂	
			希鐀	
赠朝请大夫子峄	伯从	师皋		
		师邓		
		师窑		
		师宅	希梗	与惯

		希[衤思]	与任	
			与柶	
			与[木韦]	
			与忻	
			与樸	
		希铁		
伯行	师庶	希田	与木	孟珢
		希翼	与潛	
			与薪	
			与陔	
	师祐	希回	与椎	孟珠
			与梳	
			与[木奄]	
		希[亻东]		
	师悊	希辰	与侁	孟侘
			与董	
伯卫	师畅			

				伯术		
		希圉	师肩	伯衍		
	与南	希自				
						赠开府
						仪同三
					子仍	司令珦
					再赠光	
					禄大夫	
孟琏	与龄	希显	师贤	伯悌	子砋	
孟班						
	与觌					
		希瑀	师学			
				伯聃		
		希宫	师豚	伯范		
		希畅				
		希艰	师冉	伯皋		
					赠银青	赠金紫

光禄大夫令毣	光禄大夫子崧	伯慈				
		伯武	师宪	希豪	与忱	孟湲
					与訚	孟濡
					与恮	
					与忭	
			师忞	希娓		
			师慼	希棫		
				希强		
				希送		
		伯起	师悲	希璄		
				希瑳		
				希珰		
			师憝	希权	与沼	
				希毅	与瀛	
					与觏	
			师悬	希瑊	与镡	

					与鐇	孟惜
				希琨		
				希玪		
		伯阳				
		伯师				
	子逍					
	赠通议大夫子岩	伯庞	师伋			
			师偓			
			师佸			
		伯厚	师倢	希榷		
			师俑	希送		
				希逗	与譍	
					与訾	
左班殿直令燸	三班奉职子篧					

由侍 由仉 由琎

孟稷 孟锝

与晥 与时

希懋 希俣

师愷

伯杰

子范 子籊 子策 子磷 太子右内率府副率子筌 三班奉职子隆 武经郎子通

左侍禁令絅 武节郎令镰 赠江夏郡公令若

彭城郡公世本

	孟玼	与璄	希松	
			希杞	
	孟选			
	孟遗			
	孟遇	与礽		
		与葳	希臬	
	孟璜	与潓	希柯	
	孟翔			
由濩	孟翃	与倓	希机	师嘻
	孟熑			
	孟爚			
	孟炤	与眤	希质	
由浩	孟锌	与眰		
	孟镝			
由珙				
由珍				
由琦				

由浼	孟淳	与立									
		与钒									
		与钡	希元	师臧	伯俊						
			希珦	师悉							
		与玲	希效								
			希敩								
	孟逆										
由徕											
由徙											
由遍	孟遁	与玵	希效								
		与澧									
由升	孟遹										
	孟迴										
	孟逵	与涘	希爽	师般							
	孟塈	与铖	希楹								
			希槐								
		与回	希楫								

								希汛	与镝	孟逸	
										孟[illegible]	
										孟遭	
										孟逻	
									与钵	孟[illegible]	
										孟迹	
								希允	与齐	孟进	
									与钾	孟述	由煻
								希悦	与镮		
									与锃		
						伯仲	师古	希庆	与镨		
									与官		
								希荫	与宙	孟适	
										孟逦	
								希侩	与宓		
					修武郎子遵	伯祥	师免	希琛	与成	孟塭	

			由珵	由瑧			由钺									由瑛
孟遑	孟逹	孟逋		孟遥	孟熺	孟⿰讠界	孟诤		孟镀			孟诀	孟海	孟讵	孟咏	孟谦
		与芟		与蘅	与枥		与楷	与燭	与炽	与煣	与檀	与概	与棒			与赉
		希白		希乙			希澂		希玺	希玶	希珧					
				师石												

		伯禄				
	成忠郎子遡	伯谦	师涌			
	子适					
	忠训郎子珠					
左太中大夫令高	训武郎子通	伯褒	师愬	希奕	与珑	孟沵
					与珊	
					与瑁	孟壍
				希献		
				希奋	与琛	孟衢
					与楠	
				希列		
		伯雍				
		伯昱				

从政郎子选					
	伯宁				
	伯赓				
从政郎子遴					
	伯康	师瑛	希笲		
		师旰			
		师睄	希琁	与涵	
		师管			
		师祖	希僮	与沕	孟锟
					孟鏼
				与滓	孟铧
					孟锄
	伯勋	师谧			
		师嚣	希欧	与启	孟僾
					孟俚
					孟俳
			希邮		

伯庠	师俅	希说	
		希郯	与瑾
		希圜	与忖
			与惆
		希莘	
	师倂	希薜	
		希橡	与叶
		希樫	
	师倚	希历	
		希瀎	与枓
			与𫭼
			与堜
			与砖
		希潍	与集
			与棨
		希总	
		希组	

								与迺				与趚		与圳	与柝
	希漗	希沨	希彻	希堇	希楠	希萌		希量		希铝	希韦	希镀	希檖	希镄	希纡
		师珌	师璪	师琾		师珧	师琄	师侍						师佳	
伯言		伯庆				伯颜	伯襄	伯斛	伯宗						
忠训郎子迪															
武经郎令颢															

	伯诚	师德			
		师行			
		师术			
		师往			
		师衡			
子逌					
承节郎子逵	伯谭				
忠翊郎子遵	伯谴	师傈	希涏		
			希浗		
			希杠		
		师稪	希铚	与壤	孟樒
					孟杯
				与垮	
				与墜	
			希据	与倹	

令	子	伯	师	希	与	孟
					与俩	
				希榉	与澤	
					与容	
			师逵			
	承信郎子慥					
	承信郎子遨					
武德郎令俫	子澂	伯达	师玑	希孟	与祏	孟傕
			师玲	希僔	与[礻弋]	孟璌
					与祢	
			师璔	希优		
				希偃		
	武忠郎子浚	伯亨	师裕			
			师补	希岷	与铜	

			与镦	与钒	与畦	与堃	与晡	与玟	与璨	与钹	与铙	与鐷	与锴	与镣	与鐁	与鍭
		希崱		希岪	希崵				希嶹			希峀				
				师秬												
	子选															
西头供																

				奉官令褰	子遻	伯回	师虎	希僝	与轲		
									与范		
									与楰	孟锟	
							师识	希立	与樀		
									与瑅	孟偲	
										孟偭	
										孟偓	
								希示	与宔		
									与镧		
								希紊			
								希究			
								希交			
								希庚	与铤		
									与琅		
									与鋋		
							师满	希退	与仾		

孟玲	与騑	希佚	
	与奕		
孟睦	与倂	希伎	师箴
	与锋		
	与罘		
	与桔	希庞	
	与样		
孟隐	与棶		
	与桥	希鬬	师业
		希违	
		希迣	
	与代	希遗	
	与诚		
孟锋	与戚	希逑	
孟涎			
孟涬			
孟湮	与钥		

									与樜	孟玻	
							师邵	希伾	与贡		
									与贯		
									与珰	孟鍽	
										孟贽	
								希儆	与楅	孟溥	
										孟漡	
										孟漳	
									与棈	孟洑	
										孟灎	
									与榼		
			定国公世纲	赠嘉州防御使令耦	秉义郎子伸	伯参	师克	希苦	与泾	孟瑼	
									与俯	孟琛	
							师乐				
							师谈	希晖	与璇	孟榴	

孟橞		孟梳	孟樽	孟禁	孟极	孟棬	孟楠	孟梐				孟濂		孟洄	孟汎	
与璁	与玤		与璃					与珨	与玻	与昐	与璙	与湉	与琜		与瑎	与玿
希腆									希旸	希曈						

						伯回					
						伯思					
					忠翊郎子侁	伯禋					
						伯详	师珙	希陾	与音	孟隶	
										孟炅	
									与儒	孟湉	由铸
										孟襄	
									与育	孟湶	
								希升	与铢		
									与錄	孟涞	
								希阡	与枡	孟廉	
									与榱		
									与柫		
							师瓒	希汾	与亓灬	孟檩	
										孟枥	
								希灌	与亢	孟焫	

			与辛	
伯诚				
伯评	师瑅	希璘		
		希骒		
伯询				
伯训	师璐	希亶	与但	
			与仉	孟镈
		希寯	与贻	
			与赅	
			与贮	
		希官		
		希宿	与则	
	师珏			
	师琛			
	师珪	希睿	与僎	
		希宁	与俘	
			与僮	

											孟溢					
与价			与辑	与鏊		与铬	与槏	与褖	与榴	与裸	与樸	与锟	与檬	与橐	与棊	与铐
希窌			希陗		希防	希阶	希郛				希隆	希隱	希陻	希陼		
	师玖	师璎	师珩								师瑶					
	伯调										伯谕					

	与镙					
	与镳					
	与锋					
		希陋				
孟杋	与镏	希隐	师璁			
孟溅						
孟畤						
	与铉					
	与锵					
孟淆	与钢					
					子伉	
				伯鍾	忠训郎子修	
				伯钺		
					承节郎子修	
						赠房陵

郡公令著	子𬣙						
	修武郎子诱	伯杰	师湝	希熜	与缋		
		伯侑	师沵	希榹	与琊	孟椮	由坃
						孟铸	
				希复	与宜		
					与靐		
					与竦		
				希愿	与代		
				希宣			
		伯侃					
	武经郎子圻	伯迁					
		伯劳	师绳	希粗	与镇		
				希秬	与泷		
					与钥		

成忠郎子训					
承节郎子警	伯迨				
	伯逵				
	伯逞	师斗	希佝	与琫	
承节郎子谓					
赠秉义郎子瞽	伯寿				
	伯长				
	伯庄				
	伯崧	师牧	希椴	与溯	孟莛
			希棣	与逌	
			希栒		
		师共	希钯		
		师填	希镨		

								希錬			
								希鏻			
							师异	希⿰土舌	与耎		
							师悳	希楪			
								希⿰钅彖			
						伯櫓	师益	希⿰钅㬎	与迈		
								希⿰钅囟			
								希⿰钅惪	与⿺辶全		
						伯里	师惎	希隍	与⿰氵庸		
								希與	与褑		
									与⿰衤羔		
								希丰	与⿰衤進		
								希缊	与⿰衤不		
							师读	希⿰木军	与⿰忄它		
								希复	与⿸衤心		
								希扮			
								希⿰木奂			

	与瑑	希⿰钅敛	师沿	
		希揭		
	与玼	希杇	师灌	
		希椹		
	与愊	希⿰木合	师丹	伯伉
		希钹		
	与⿱夵林	希⿰钅前		
	与淕	希⿰钅卸		
	与⿰土秦	希锗		
	与淲	希钐		
	与汜	希⿰钅召		
	与澉			
孟秘	与汧	希铸	师缦	伯梋
	与楳	希椱	师漨	
		希绂	师瀼	
			师车	
		希缔	师雍	

					保义郎子谊	伯迥	师珪	希槅			
								希椈			
							师域	希棅	与烓		
								希檻	与港		
									与泆		
								希棁	与𫐐		
								希梲	与鏓		
								希杋	与𫐄		
								希柶	与䀉		
							师珍	希暎	与霄		
									与雩		
									与𫐅		
									与轁		
								希晗	与倖		
									与徰		
									与御		

			与泄						
			与漧	希镨	师仑				
				希㤨					
				希镭					
				希钔	师遏				
				希柏					
			与淀	希暇					
			与滝						
			与秘	希兴	师戡				
			与摅	希枋					
				希柯					
			与瀗	希栌					
				希框					
			与漽						
			与潽	希渗	师衢	伯适			
				希舟	师玕				
				希昽					

世	令	子	伯	师	希	与	孟
					希栓		
					希炳	与渫	
				师肴	希㭎	与遡	
				师柼			
	赠襄阳侯令骞	三班奉职子长					
		忠翊郎子刍					
		承节郎子樵	伯浚				
			伯泳				
		子尧					
彭城侯世岳	武翊郎令秘	承节郎子翼	伯昌				
			伯峻	师鄙	希颢	与倩	孟燷
						与侳	
					希班	与俄	孟熜

				孟焆
				孟炜
			与值	孟炟
			与倈	孟焫
				孟糅
				孟涉
				孟遱
	师凫			
	师絪	希梓	与𤨒	
	师兴	希椮	与侮	
	师萱	希棉	与瑱	孟衢
伯福	师古	希燏		
		希炵	与均	孟侗
			与墉	孟儆
			与珏	
			与瑯	
		希燁	与誧	

													孟仞			
与垕			与桶	与杍								与璨	与坣	与墍	与诙	与增
希瓌	希玸	希璆		希焯	希煜	希燧	希灴	希𬉼	希熽	希炟	希炜	希熩		希焆		
		师琱										师张				

					武翊郎
			伯荣		
	希瑞	师璛			
		师珹			
		师珪	伯和		
	希䜣	师太			
	希计				
	希滓				
	希命	师霖			
		师洛	伯硕		
		师弹			
	希愫				
	希懽				
与琖	希悟	师弸			
与野					
与垒	希珄				
与垗					

令倾	子济						
	承信郎						
	子浚	伯义					
		伯成					
		伯本	师惓	希镕	与斿		
					与凤		
					与挺		
					与抡		
					与擢		
					与拱		
				希陲	与择		
					与掖		
					与损		
				希觐			
				希骀	与埔		
			师制	希长			
				希蔆	与尧		

	希撞	
	希拔	
	希蘧	
	希[扌燕]	
	希茪	
师盘	希提	
	希晓	
	希摹	
	希寀	
	希攻	
师赍	希憼	与暾
		与嘻
		与焍
	希钘	
	希悉	
师蕙	希夫	
	希瀶	

与鞓		与缊					与鍉	与铏	与铉							
希镨		希墇	希壇			希僙			希邕	希柟	希捍	希摡	希掎	希据	希箎	希粹
师芳	师郛		师诃	师禄	师寿				师耑					师赴		
			伯鸿						伯龄							

		与垶
	希愔	
	希樛	与锯
	希蕯	与壃
		与堤
	希縚	与锦
师郜	希鄝	
	希簑	
师璪		

宋史卷二一八
表第九

宗室世系四

			嘉国公世陂	右班殿直令啬								
				朝请郎令龟								
				朝散大夫令儦	右宣教郎子巍	伯琁	师倪	希爽	与缔			
									与纹			
									与采			

	与条	希溅		
	与值			
	与微			
	与僇	希滴		
	与衢	希炵	师柯	伯琙
孟撤	与蒉	希硧		
		希𬇙		
		希碤		
		希砏	师桐	
		希霈		
		希露		
	与⿰土祭			
	与墄			
	与境			
	与堵	希霆		
		希霝	师概	
		希熇	师渠	

与僵	与打	与墣										与涘				与栟
	希焟		希煖							希潽		希𤆵	希塑		希涒	希濉
	师橹			师楀						师楱	师棬	师杓		师樱	师槢	师楉
						伯珊	伯扈	伯珧		伯琢					伯珽	
					通直郎	子芳			修武郎	子苁						

									与棆			
							师槿					
							师枥	希澺				
							师榓					
							师樺					
							师桍	希瀍				
								希滏				
							师梫					
				谥忠愍	武节郎							
				令崴	子嵚	伯琏						
						伯琱	师黉					
							师明	希暤	与历			
								希晬				
						伯珌	师泮	希崊	与玥			
									与埍			
								希岭				
								希崌				

				希峙	
			师渚	希琜	
				希台	
			师沼	希栶	
				希檏	
		伯琅	师琖		
			师珃	希瑂	
				希滴	
				希湕	
				希澴	
承事郎					
令赦					
赠少师	赠通议				
令衿	大夫子				
	觉	伯禽	师濂	希琱	
			师湆	希璥	与岽
					与嵃

			与崃
	师涑	希瑔	与台
			与芹
	师溪	希杅	
		希橼	
		希梅	
	师浃	希堃	
		希曌	与嵩
			与荦
伯鸾	师隽		
	师湁	希瞜	
	师泾	希㮴	
伯麟	师君		
	师宭	希伃	
		希僘	
	师嶝		
伯凤	师礼	希坤	

与滢	与诚		与祢													
希瑀	希蹭	希微	希臬		希俐	希倘		希瀓	希溯	希溍		希焊	希嵋	希镤	希铼	
师消	师福	师镝	师晔	师晫	师曮		师唤	师芬	师蓁		师芷	师柟	师枞	师桎		师榷
		伯熊	伯鲤		伯骏			伯虬				伯犀				

							师粢					
							师栛					
						伯驭	师𬤝					
							师𬣙					
							师𫍡					
						伯鹿	师备	希晍				
							师曆					
							师晢					
							师龍	希晡				
						伯骋	师讪					
				右侍禁令罨								
				左承议郎令结	从义郎子俩	伯彷	师漝					
							师簉	希畊				
								希瞵				
							师簨					

				师篆		
			伯蓊	师漪	希⿱雨聿	
					希⿱雨飛	与炟
						与烶
					希霤	与烷
					希雾	与⿰火戚
					希霰	
				师浔	希昞	
			伯衢	师淳	希雳	与熑
			伯术	师⿺辶开		
彭城侯世枚	赠奉直大夫令訾	子点	伯授	师環		
				师⿰王畿	希佩	
					希傅	
					希依	与⿺辶侖
					希序	

与[illegible]	希偄		
与稽			
与吟	希俚		
与吉			
与嗒	希佻	师玲	伯拟
		师珞	
	希徦		
与逭	希傭		
与辽	希侩		
与遂	希倠		
	希俯		
	希偿	师珍	伯棹
	希假		
	希债	师瓘	
		师琑	
	希玦		
与右	希还		

		孟滷														
	与讲	与詻	与謰	与诉				与垾					与赈	与䞐	与賆	与赗
希倅	希化			希偺			希儋	希膠	希佣	希容	希伉	希悊	希倡			
	师琫				师玻	师珊	师佩						师珐			

				与畤	
			希儴		
			希俛		
再赠朝议大夫子黯	伯总	师蒯	希混	与樾	孟熄
					孟焯
				与杭	孟焴
				与棋	
				与桯	孟煝
				与柯	
			希浚	与棶	孟熚
					孟烓
				与棫	
				与榛	孟燧
					孟煓
				与槱	孟熺

	与楅	希荡	师珈	伯摅
	与渠	希硕		
	与榇			
	与杼			
	与棑	希磷	师若	
孟[火守]	与椟	希涟		
孟烯	与槛			
	与柲			
	与梧	希汲	师黄	
		希泯		
孟卿				
孟烛				
孟烋				
孟炘	与栩			
	与楩	希河	师蔡	
	与榎			
	与礽			

			与楙	
			与樸	
		希沱	与禄	
			与楼	
		希渭		
		希浥	与橼	
		希淏	与梣	孟炷
			与栴	
伯檩	师尭	希浣	与槊	
			与槽	
	师琇	希潪		
		希涂	与槮	
	师球	希滋		
	师珹			
伯棣				
伯纪	师芇	希霄	与檬	
			与棹	孟骦

							师芑	希漯				
					赠通议大夫子勋	伯振	师皋	希龣	与檬	孟郱		
										孟邽		
									与禾			
									与[illegible]			
									与秇			
							师宓	希洼	与槎			
								希浙	与积			
									与穇			
						伯挺	师井	希谊	与侄			
									与佽			
								希哗	与[illegible]			
									与垔			
								希设				
						伯抡	师檍	希汯				

		师棣	希洍	与垅
		师辰	希徙	
			希御	
			希代	
赠通直郎子黖	伯揩	师群	希鄘	与樱
				与楫
				与槮
			希枝	
		师靳		
		师进	希阼	
			希郏	
	伯掎	师玱		
	伯抬	师柯		
		师校		
		师椅		
		师淞	希矚	

							师楷	希涓				
								希湳				
							师钒	希漕				
					子默							
				右班殿直令堘								
		齐阳侯从颖	右骁卫大将军世谥	太子右监门率府率令业								
			少师、昌国公世膺	东头供奉官令确								
				赠武经郎令讨	成忠郎子濯赠正奉大夫子							

淳	伯炎	师悉	希吉	与俾	孟瞰			
					孟睥			
		师念	希咅	与俙				
				与偕				
				与傎				
				与俺				
				与倨				
				与回				
		师戆	希枘	与⿱野心				
				与墏	孟鎌			
				与⿱垂土				
				与塗	孟⿱鞋金			
					孟鏊			
			希摅	与埿				
				与涂				
				与墨				
	伯戋	师愭	希增	与⿰纟复				

与徐	与僮									与镀	与絑			与綖	与絺	与絑
	希哱				希坏	希𫭟	希堤	希圪	希塀		希埥	希坑	希墦			
	师𢘑		师愁	师恭												
	伯刍	伯昌														

					与圩	与提	与塹				与𬙊	与垘	与歪	与係	与腄	
		希积		希噔		希喑	希听			希讲			希谥	希诰	希唐	希咦
	师意	师恭	师态				师忒	师悆	师庆					师忞	师志	
		伯吕												伯哲		
子泽																

					赠修武郎子源							
					成忠郎子洪	伯所	师悥	希珀				
							师恋	希答				
						伯傅	师御	希𢓊	与潟			
									与𧙗			
							师㣉	希枳	与荐			
									与苦			
								希杶				
						伯拜	师𬣹					
				左侍禁令鄦								
				赠奉直大夫令玲	保义郎子冲加赠少							

					师子涛	伯正						
						伯祩	师燿	希垩	与鍪			
									与鋆			
								希璧				
									与鉴			
									与鎣			
									与钊			
								希垕	与鎏	孟汲		
									与银			
									与鉩			
									与锋			
								希垩	与铣			
									与钎	孟准		
								希坒				
								希譛	与鏊			
									与镭			
						师烨	希詛					

	希垩		
		师熵	
与铁	希垤	师𢖳	
与𬭚			
与铟			
		师烝	
			伯圭
		师烋	伯搏
	希塖	师煛	
与碛	希堞		
	希垺	师熏	
	希壄		
	希逵		
	希坴	师炛	
		师濙	
	希坎	师樵	
		师熷	

					承节郎子渫	伯棣	师熛	希墰	与铧			
							师燔	希堦				
								希壨	与鑐			
							师炯					
						伯祖	师□					
					子津							
				朝请郎令答	忠翊郎子澄	伯闰	师廉	·希镇				
								希[钅衍]				
						伯蘅						
					子云	伯林						
						伯羽						
				左朝奉大夫令渥	右迪功郎子洱	伯瞻	师鍴					
							师銿	希瑢				

		希玞				
			师镞			
			师標	伯楷		
			师边			
					子涤	
孟渥	与钘	希孺	师毓	伯栱	修武郎子灏	赠朝奉大夫令锜
孟湄	与钚					
	与镴					
孟泙	与锖					
	与铁					
	与钥	希麐				
孟洁	与镂	希赍				
	与铳					
			师羲			
	与镃	希壬	师庸			

					与璵	与瑀	与璲	与琨	与琜	与珊	与蓪	与建	与鐽	与𫓧	与鏩	与键
希濩	希灠			希讷						希罼			希赉			
	师淙	师湟	师熙	师薁						师侑						
		伯干	伯并													

		师滔		
	伯榆	师赣		
文林郎子潏	伯棂	师僖		
		师戒		
		师尢	希泞	
		师錆		
	伯楠			
	伯朴	师焘		
	伯枘	师煓		
		师慊	希琭	
	伯机			
文林郎子洞	伯柯	师璇	希巳	与焞
				与熺
		师瑑	希神	与逮
				与迎

				希𬨎	与镈
					与鈭
				希迤	与钎
					与铒
					与钋
					与鋈
				希逮	与鉴
		伯榛	师铢	希迉	
				希遂	与钞
					与淪
					与瀍
		伯从			
		伯朴	师坑	希圳	
				希琊	
		伯柟			
赠奉直 大夫令从事郎					

				澜	子淙	伯叒	师旷	希舂	与霙				
					修职郎子溥	伯槿							
						伯桐	师琎						
				朝请郎令轴	从义郎子滠								
					成忠郎子逵								
					承信郎子慥								
					承信郎子邈								
				朝奉郎令啴									
				赠宣奉大夫令詪	左朝请郎子浒	伯彬	师默	希迳	与松				

与僻			与□	与统	与镝					与浩	与赚	与𤨾	与𧶬		
	希迺	希历	希壁		希垐			希墅	希壂	希浩	希𡊄				
		师麃				师涪	师党	师鱼		师熊				师炁	
							伯絿								伯临
															朝奉大夫子淮

						伯坏	师臭	希垩					
								希涂					
		宣城侯从谨	广平侯世崇	赠东平侯令蠙	奉议郎子沨	伯达							
						伯适	师道	希銮	与晋				
								希淯	与诊				
									与讼				
							师逸						
							师远						
							师迈	希援					
					赠奉议郎子沆	伯揆	师效	希闵					
								希璿	与几				
								希圩	与铸				
									与填				
									与钚	孟纹			
									与录				

									与钜			
								希瓚	与撫			
									与撚			
						伯振	师初					
						伯捴	师祖					
							师禔					
					西头供奉官子沆	伯摅						
						伯扩	师古					
							师哲	希袒				
							师善					
					右班殿直子浣							
					子渊							
			武当侯世祥	太子右内率府								

率令炽						
赠高宁郡公令鼎	三班借职子横					
	从义郎子持	伯澄				
	子才					
	武经郎子椒	伯溍	师铉	希郯		
				希昴	与垒	孟薪
						孟奚
					与曩	
		伯厚	师茹			
		伯慥	师泰	希义		
			师恭	希参	与敖	
	左朝奉郎子良	伯温	师厔	希裙		

						伯演						
					忠训郎子莒	伯煇						
						伯棣						
						伯樳						
						伯滨						
						伯津						
					子由	伯钓						
						伯铨						
				太子右监门率府率令掭	子敏	伯𬍤						
						伯琮						
					子林							
			少师昌国公世	赠襄国	三班借							

			亨	公令褫	职子琣							
					三班借							
					职子琳							
					子玩							
					武显郎							
					子玓	伯臻						
						伯致						
						伯康	师鉴	希道				
								希澂	与俦	孟暌		
									与佺	孟寔		
										孟宔		
									与侄			
							师镒	希域	与弁			
									与乘	孟详		
										孟誈		
										孟志		
										孟谌		

子圩	伯通				
承义郎					
			希埕		
			希圻	与惟	
			希地		
			希堣		
				与佺	
					孟漻
					孟渌
					孟淘
					孟蕳
					孟滿
			希埏	与砺	孟㳘
				与邃	
			希坵	与准	孟漨
				与顺	
				与絅	孟浇

	伯达	师庆	希旦	与聚		
左朝奉郎子琛	伯焕					
	伯炳	师殖	希盎	与寿		
				与议	孟武	
					孟珹	由钚
						由锡
						由铀
						由铸
					孟璛	
					孟瑢	由鉴
				与新	孟桻	
					孟杆	
			希艾	与訶	孟礽	由蒨
						由涌
					孟桁	由深
					孟遂	由沸

				与处		
				与涟	孟枥	
			希蓍	与誉	孟迈	由琟
		师懃				
		师志				
		师勤				
		师憝	希昆			
			希棑			
文林郎子玽	伯显					
累赠训武郎子琮	伯暭	师讵	希檖	与深		
				与绛		
				与洋		
			希悌			
			希棵	与濠		

			孟端	孟搖	孟瑁											
与濱	与汉	与佇	与倚		与俟	与儗	与偃	与伣	与相	与儴	与仳	与儼	与壖	与塚	与墡	与墶
		希悦	希怡						希惕			希性				

									与埒			
							师谌	希愊	与仅			
									与遝			
									与囿	孟濘		
								希慊	与洲			
								希憓	与濡			
							师逦	希恩				
								希佺	与逯			
								希俱	与涂			
							师诚	希庆				
								希愖	与锡			
								希睍	与迩			
									与莲	孟鑑		
								希暚	与近	孟野		
									与遡			
								希晣				
								希晊	与玞			

					与璐
					与璟
					与玑
			师善	希概	
				希惟	
				希榆	与娩
				希橼	
				希枱	
				希槻	与僅
				希楯	与倲
		伯果			
赠右奉直大夫令诎	左朝奉郎子招	伯衔	师赛	希深	
			师冠	希晙	
				希墼	
				希埤	与栺

								与诉			
							希棁	与墅			
								与鉊			
							希昕				
					伯衙	师宷	希芊				
							希茨				
				赠太中大夫子瑗	伯衡	师武					
						师言					
						师正					
						师晖	希復	与铭	孟玠		
								与𫓧			
							希伳				
							希侍	与针			
							希佟	与镛			
								与锄			

子	伯	师	希	与
				与锞
	伯衢	师泉	希杆	与僸
	伯衕	师洪	希俫	与樢
		师激	希琎	
		师沛		
	伯衜	师寄		
		师梼	希欢	
		师垬	希涅	
			希汙	
			希濻	与萼
				与菂
			希渚	
		师啬	希霅	
		师胧	希沰	
子瑑	伯衍			
	伯衎			
	伯衙	师漉	希𥛚	与楷

				希檏		
内殿承制令垣	忠翊郎子照					
	承节郎子旻					
	子常					
	子崒					
右班殿直令晔						
赠右朝散郎令诒	左朝奉大夫子璋	伯禔	师范			
			师篪	希洸	与遵	孟御
					与玖	
					与㻶	
					与磴	
				希润	与珪	

		伯福	师甡	希能		
				希伫		
				希似		
			师规			
			师籥	希墉		
		伯祚	师符			
		伯祎	师筠			
			师筝			
			师筵	希树		
武经大夫令糈	子郤					
	成忠郎子绅	伯估	师超			
		伯俊				
		伯俭				
	子绢	伯仁	师瑨	希逿	与铨	孟潚
						孟湄

					与镆	孟溁
					与錝	孟樱
						孟榱
			师琰			
		伯杰				
		伯傧				
	子纪					
	子经	伯贡	师秦			
武经大夫令巍	子悛	伯扬	师高	希玲	与禛	
		伯敩				
	子驰	伯攸				
		伯政				
	累赠武义大夫子骏	伯敞	师璲	希潼	与侣	孟樟
					与梯	

			孟暗					孟顓	孟顾	孟颋	孟顼					
与伾	与伫	与偭	与傛	与櫶	与榆	与柾		与铿				与镓	与镨			
希激					希淮		希淇	希澧						希涑	希浤	希灦

孟檣	孟棒	孟碱	孟金	孟釭	孟鋺	孟锬										
	与迳					与延	与亘	与谞								与诒
						希濛		希沒	希溎	希湜	希涓	希滈	希潆	希涤	希惫	希漭
						师封							师班			

孟倇				孟镤	孟铟	孟铺	孟鏥	孟镈	孟铚	孟镒			孟槏		孟杔	孟椮
与嗣	与谓	与誇	与諃			与謜				与访	与讲	与诜	与迎	与遈		
希汶												希沆				

		孟忬	与镠		
		孟逡			
		孟迁	与裕	希湍	师玿
				希沐	师瑨
			与補		
			与朴	希泒	
				希濮	
			与琉		
			与爰	希涘	
			与璛		
		孟菀			
		孟莨			
		孟坚	与偡	希溥	
			与锏	希泮	
			与跸		
		孟伃	与蹑		
		孟偞			

	与僾	希楖	师玕	
		希寀		
		希卜		
	与谟			
	与佴			
	与辻	希宅	师瑊	
	与仕			
	与僦			
	与僯			
	与倰			
	与僟	希豊	师璠	伯徽
	与莱	希汰		
	与穷			
	与赍	希灑		
	与溢			
	与褫			
孟迩	与祝			

			与侈	
			与倚	
		希[illegible]	与僃	
		希憴	与体	
	师确	希諎	与槟	孟缨
		希祎	与枫	
			与栳	
			与窠	
		希砭	与槦	
伯琎	师倏	希泾	与铺	
		希淊		
伯珍	师赞	希颊		
		希唫		
	师谱			
伯恞				
伯謨	师译	希[illegible]		
		希[illegible]		

						与逯	与[illegible]	与边							与棡
						希[illegible]			希[illegible]	希潪	希澓	希消	希[illegible]	希[illegible]	希[illegible]
师设	师夸					师扬			师暄				师铜		
						伯赦							伯敉		
		子騑	子駯	子骅	承信郎	子腾	子骃								

									与樱			
								希坶				
								希圳				
							师錝	希檖				
								希梅				
								希株				
							师铜	希根	与埂			
				修武郎令湝								
				武翊大夫令詸	再赠朝请大夫							
					子维	伯栩	师渭	希遡				
								希遽	与交			
							师林	希镡				
								希镄				
							师森	希遏	与史	孟澎		
									与叟			

		师滷	
		师澜	伯桎
		师渫	
		师涧	
	希鉴	师瀷	
		师澡	伯桧
			伯栎
			伯梼
		师钚	
		师镂	伯桂
	希遂		
	希逑		
	希迁		
	希选		
与鄚	希边		
	希迄	师減	
	希送		

			承节郎	修武郎
			子纪	
希椔				
希枥	师搢			
	师揀			
希桦				
希掴				
希樋	师掏			
	师抡			
	师提			
希柷	师拭	伯锏		
		伯夔	子纲	
			忠翊郎	
			子约	
			子绎	
			孟信郎	
希烓	师漨			

	令橡	子普		
		承信郎子绕		
	赠直龙图阁令佳	迪功郎子彝		
		文林郎子异	伯㷉	师瑷
			伯焯	
			伯梓	师衔
			伯熏	
			伯炉	师聿
冯翼侯世陟	赠房陵郡公令疏	忠训郎子瑳		
		训武郎子瑨	伯畀	

						伯升	师琈	希隽				
								希傍	与愿	孟赛		
									与颂			
									与颛			
									与颖			
								希岄				
								希芈				
						伯晟						
						伯升						
					成忠郎子瓘	伯充	师铢	希珪	与岳	孟儦		
									与滜			
									与澴			
								希琳				
							师逡					
					子瑎							
					子瑱							

子璒					
赠武翊大夫子玮	伯惹	师苍	希構	与玼	孟煜
				与瑿	孟□
				与塘	
				与垷	
			希潵		
			希沬	与槔	
				与棱	
			希泚	与□	
		师石	希峃	与杯	
				与榱	
			希茁	与槵	
				与杆	
				与欀	
			希恺		

		师艺	希衔	与祜	
		师东	希药		
	伯感	师蘐	希议		
	伯悠	师暹	希⿰山宛		
成忠郎子琎	伯黸	师浙	希朝		
			希洛		
	伯忝	师宾	希恭	与溱	孟㻰
			希慧		
			希恖	与凑	
				与溇	
				与锴	
		师亮	希赍		
			希㝆		
			希檄		
			希亹	与瓁	
				与溶	

		伯忌	
	承节郎子瑛		
	成忠郎子耳	伯仁	师贲
			师艮
从义郎令□	子游		
左侍禁令舟	承节郎子志		
武翊郎令熑			
武经郎令㧑			
武翊郎令俪	承直郎子立		
	子建		

		华原郡公世寡	东阳侯令率	右班殿直子琇								
				右班殿直子珙								
				武德郎子琩	伯栊	师端	希嚞	与垍				
								与埈				
							希诀	与谝				
								与诞				
						师扬	希篑	与秩	孟傛			
									孟佩			
								与岑				
								与付				
							希恳					
						师诜	希恢					
						师暹						
						师廌	希历	与绂				

伯材	师微	希毕		
		希复		
		希趾		
		希光	与皓	
			与暇	
			与瞔	孟霔
		希涑		
		希瑕	与昉	
			与皤	
	师袷	希玔	与璹	孟檟
			与锳	孟偣
			与諟	
		希瓘		
伯松	师桧			
	师式			
	师闻	希锐		
	师干			

	师聪	希轶		
		希轭		
	师友	希𬣙		
		希谝		
	师觐	希谏	与瑧	
伯樵	师濋			
	师溶	希忼		
		希偖	与晭	
			与镛	
			与錍	
			与釪	
		希佽		
		希偲		
		希锝	与濔	
		希佾		
	师准	希矜	与银	
			与铼	孟涼

与橀	希倰	
	希优	
	希柍	
	希椌	
与汏	希淍	师浩
		师滥
与椳		
与桯		
与楢	希傅	
与柟	希泿	
与鈆	希涫	
与玙		
与汭		
与珢	希梅	
	希荆	
与锲		
与镶		

					与榼	
					与橼	
					与樫	
				希玫		
				希佇		
			师朔	希僯		
				希晦	与珠	孟赋
				希鄙		
	承节郎子瑞					
	子瑶	伯桦	师安			
赠右屯卫大将军令瑀						
安定郡王赠太师令畤	宣教郎子訔	伯机				

	伯梃			
	伯标			
	伯枅			
右朝奉大夫子籈	伯权	师曾	希绵	
		师周	希檖	
		师伊		
赠开府仪同三司子箹	伯枧	师鼎	希蒉	
			希芗	与溃
		师豫	希藩	
		师遁	希蓑	
	伯抚	师粹	希濽	
迪功郎				

		子筹	伯檵				
		子荣					
少师莱国公世恬	太子右内率府副率令幼						
	赠博陵侯令萃	再赠少保子铱	伯璠				
			伯琥	师恊	希祈	与稷	
				师龙			
				师德			
			伯瑃	师恜	希这	与份	
						与俨	
						与攸	孟镂
						与侑	孟琇
							孟珊
					希迸	与俊	孟绛

					由寔											
			孟缙	孟绅	孟绪		孟纪				孟绾	孟寅	孟纲	孟纯	孟约	孟绛
与仕			与侨		与倬		与伸	与作		与任				与佑	与仔	
希遴		希迹			希逢	希迓		希逵								
师莱	师益					师禹		师卨	师皋							

			与偁		
		希逶			
伯珹	师喾	希逅			
		希逭			
		希逵			
	师喆	希杓			
		希濮	与偒	孟境	
	师合	希灼			
	师磬				
伯璛	师豊	希涧	与诉	孟煌	
				孟𤐫	
				孟炵	
		希淋			
		希樇	与谱	孟潒	
				孟澶	
				孟湘	由铨
			与诚		

	孟激		孟俱	孟傒	孟条	孟儗	孟偰	孟桂	孟杨							孟伶
与𬤊	与谂	与谏	与谜					与詥		与招	与撞	与扦	与蒉			与瞭
			希澻							希汭			希榰		希真	希溥
															师彝	
														伯璋	伯琉	

					孟儩		
					孟伉		
					孟徽		
		师弼	希谣	与佛			
				与倩			
				与径			
	伯珪						
	伯琳						
	伯瑨	师纹	希恶	与荛			
				与曚			
				与赚			
			希绲	与贾			
右班殿直子鉴							
武节郎子钫	伯佑						
	伯憓	师虺					

		与道
希𪣻		希[illegible]
师微	师[illegible]	师舒
	伯骥	伯驹
宣教郎子镝	左班殿直子殳	再赠太中大夫子笈
赠右屯卫大将军令绖	太子右内率府副率令烇	赠嘉国公令畯

		伯驎				
		伯骐				
		伯骕	师羿	希苍	与戆	孟峻
						孟嶟
				希虡		
				希祐	与慇	孟竦
						孟蹬
			师弇	希唫	与遡	
		伯骍				
		伯骢				
	成忠郎子友					
赠和州观察使令㝗	左朝请郎子泰	伯蓬				
		伯葵	师珸	希泺		
				希钚		

		孟坏	与僮	希镛	师玥		
				希录			
		孟纬	与𫓹	希璪	师贤	伯苇	
		孟纶					
		孟绍					
		孟纻					
		孟渫	与鑺				
		孟洴					
		孟泝					
			与镃				
		孟淳	与樲	希珩			
			与楼				
		孟滂	与㭘				
		孟濮					
		孟濎					
		孟涕					
							训武郎

				伯强	子春
				伯赖	
				伯达	
					赠吉州刺史子青
			师異	伯梁	
		希樱	师昪		
孟垔	与迣	希杈			
		希檀	师殌		
				伯建	
				伯缙	
			师峅	伯驿	
		希烷	师昪		
	与庲	希熔	师械	伯寓	
		希炡			
			师𢍰		
		希爝	师荃		

								希燃					
								希爊	与倲				
									与伃				
					承信郎子惷								
				赠英州防御使令俌	朝请郎子巽	伯墉	师鏻	希琾	与伶				
								希畤					
							师仁						
							师用						
					从义郎子戴	伯仁	师遵	希谌					
								希讹					
								希诬					
						伯义							
					赠武翊								

孟⿰火夌	与檠	希珹	师伋	伯济	大夫子瑅
孟卑					
孟鉴	与灿				
孟铁					
	与椕				
孟熔	与枌	希璜			
	与枋				
	与梼	希璗			
		希李	师约		
	与欅	希炘			
	与栫				
		希熠			
		希烓			
	与朵	希烛			
	与桦				
	与楉				

			与采		
	师况				
	师倞	希璘			
伯泾	师诉	希烨	与迥	孟壕	由钬
				孟堤	
		希炽	与倜		
			与迁		
伯滋	师皋				
	师凄	希擞			
		希掏			
	师棣				
	师峃	希拓			
伯溱	师测	希燔	与逷		
			与逞		
		希焕			
		希烑			
伯沧					

左班殿直令绲	成忠郎子澜					
右侍禁令注	忠训郎子敩	伯莘	师能	希执	与璧	
					与归	
				希僻	与壦	孟錝
				希尅		
			师德	希原	与坎	
					与埘	
	子邕					
赠吉州团练使令戣	成忠郎子刍					
	保义郎子德					
	子舆					
宣德郎						

令洧						
赠武义郎令硭	忠训郎子焘					
	武德郎子玦					
		伯觉	师宋	希顺	与优	
					与傧	
					与倲	孟盎
					与俫	孟汎
				希宣	与俸	
					与储	
					与儆	孟汧
					与偓	
				希侔		
				希虎	与悟	孟渍
						孟瀴
					与忻	
					与悌	

					与悦
					与仿
		伯学			
朝议大夫令戆					
从义郎令各					
从义郎令莇	子程	伯黼	师岳		
			师峡	希珠	与赇
					与䞍
					与⿰贝永
			师岫		
			师峰		
		伯溧			
		伯涬	师詹	希琩	
				希棣	

			伯雷	师偘	希峃
			伯霑		
		通直郎子晫	伯霆		
济阴侯世统	赠吴兴郡公令□	修武郎子昉	伯杓	师镝	希𣘻
					希櫟
				师傲	希漆
				师爽	希檳
				师弁	希檈
					希榉
					希栧
					希橑
					希櫑

与洳	希睿	师佩	
与涟			
	希琇	师任	
	希玎	师伕	
	希镐		
与池	希铒		
与涯			
	希镓		
与汧	希镳		
与颎			
与颀			
	希锞		
与溹	希铤	师信	
与瀼			
与湳			
	希⿰钅隶		
			从义郎

					子昞	伯霖	师仁	希钱	与逸	孟洴	由扸	
									与逮	孟灉	由熄	
											由炃	
											由烇	
								希籥				
								希管	与邁			
							师侍	希迥	与璜			
								希逍	与瑭	孟櫽		
									与璪	孟栔		
									与玗	孟欇		
								希週				
						伯霁	师依	希琅				
								希璀				
								希[忄行]				
								希悱				
								希怈				
								希悁	与奂			

				与漦	
武经郎子晖	伯摅	师侗	希谏		
			希谟	与沔	孟珊
					孟钆
		师侠	希诜	与滈	
				与瀿	
			希讷		
		师攸	希律	与冲	
			希谌	与潆	
			希许		
		师翰	希瑃	与渍	孟泭
				与沆	孟穮
				与浣	
	伯扩	师仲	希安		
		师仰		与洙	孟眛
				与泗	孟琮

					与沚	孟琦
		伯揆	师健	希从		
				希循	与洧	孟柔
				希逧	与涜	孟杄
				希逌	与涀	孟柳
	成忠郎					
	子曜					
赠昭化						
军节度	从义郎					
使令修	子温	伯濡	师优	希宪	与逑	孟烈
					与遂	孟芢
						孟芊
				希谊	与𩝐	孟沐
					与㑺	
				希寀		
				希寓		
		师侨		希□	与墜	

											与私	与燃		与柾		
希埜	希樾			希慗	希懥	希洸	希滮	希灌	希愱	希慄	希沄	希湝	希淞	希莱	希薡	希蓞
	师速		师珣		师璁							师瑞	师璜			
	伯璘												伯潅			
	子渊	武翼郎														

						孟迵										
						与叶					与烯	与彬				
希珅	希环	希彪	希先	希韶	希圆	希陟	希杨	希张	希锡		希铉		希鍉	希烽	希锭	
师进	师南					师蕭			师荀	师雄	师瑀					师相
	伯瓌								伯璁							

		师水	希嘩	与原
				与饶
				与澄
			希遄	
		师⿱宀丂		
	伯⿸广亶			
	伯序			
赠武翊大夫子渐	伯禳	师键	希璟	与⿱宀⿰王乇
			希徯	与⿱宀青
				与宴
			希⿰彳要	与⿱宀血
			希⿰彳俞	与机
			希得	与⿱宀圭
			希佮	
	伯禄			

	伯祉	师岩			
	伯禧				
	伯从				
武翊郎子滁	伯钧				
	伯锋	师迈	希砻	与杼	
				与棕	
			希磐	与樵	
			希岩	与杈	孟昱
				与橧	
				与梭	孟熙
			希嚣		
		师逭	希邦	与秺	
				与秴	
		师週	希鎏		
		师迂			
	伯钜	师这	希虑		

		师舜	希涉		
			希驹	与溸	孟烩
					孟熺
					孟炆
				与泽	
	伯铸	师琳	希渔	与儒	
	伯镕				
加赠武经郎子湘	伯浏	师奥			
		师奕	希偳		
			希倌		
			希侣	与熮	
				与爊	
				与炑	
			希仴		
		师[illegible]			

						伯然	师旦	希茨	与[齿叚]			
									与戳			
								希蓍				
							师上	希蔡				
							师里	希今	与芯	孟塺		
										孟塗		
								希蕃	与被			
								希川	与椆	孟𫓯		
										孟㶡		
										孟熛		
										孟烶		
								希筴				
					子泽							
				武翊郎令[亻与]								

宋史卷二一九
表第一〇

宗室世系五

		博陵侯从质	南康侯世哲	赠高密郡公令偎	赠感德军节度使子莒	伯通	师洙	希曾	与晙	孟杰	由艳	
							师潽	希果	与名			
									与诰	孟锭		
									与噂			
							师涀	希僊	与洦			
									与浄			

				孟玷	由燇	宜福
				孟璍	由烨	
			与恣	孟璿	由炤	
				孟倈	由枥	
				孟偘	由桶	
				孟佸		
				孟佟	由偕	
					由机	
					由梓	宜燧
	师镳	希喻	与恳	孟淀	由桻	
	师渊					
伯逵	师泗					
			与滐			
		希倖	与渿			
		希备				
		希任	与昳			
			与潼			

				孟瓔	
			与憝	孟瑛	由樟
				孟珏	
			与憇	孟埱	由榛
		希台	与慝	孟泐	
			与[illegible]		
		希偯	与佯		
	师稷				
	师卨	希如			
	师鍱	希喭			
		希昭	与涌		
			与玭		
伯逸	师津	希璟	与道	孟俊	由绮
			与周		
			与栝		
		希琮	与蕑		
			与棆		

			与琦	希玙	师涧
	由慧	孟坏	与栋		
		孟赁			
			与棣		
			与柄		
			与柱		
			与标	希珎	
			与梅		
			与桄		
				希瑶	
					师汉
					师旦
	由濦	孟钰	与堂	希璠	师讱
		孟锦			
			与塾	希琎	
			与墐		
			与友	希瑀	师𫍟

								希琯	与赓	孟渊		
										孟熙		
										孟烝	由迥	
										孟熏		
								希琉				
						伯适						
						伯迥						
						伯辿	师滋	希珎				
								希斑				
						伯逑	师定	希骐	与琎	孟澓		
										孟㳌		
									与晃			
									与昊			
							师申					
					赠通直郎子华	伯遵	师文	希亶	与潾			
								希靖	与胜			

									与逊			
									与贵			
								希颙				
							师交	希邵	与闻			
								希瑅	与倍			
									与依			
									与傕			
								希肃	与山			
								希康	与珣			
								希定				
					右班殿直子荀							
					左班殿直子芊							
					累赠武义大夫子盖	伯迉	师津	希佖				

															由燧
															孟松
		与懿													与清
希偕		希偘	希僫		希偡	希偂	希扂	希宔							希迪
	师节	师浔		师得	师淇		师泗								师绪
									伯造					伯维	伯汉
										子伸	子茂	子蔚	封华阴侯子云		
													高密郡公令教		
													高密郡公世京		

															由熿	由煥
孟槐	孟潮	孟泞	孟溪	孟瀐	孟汝						孟傃		孟洋	孟揓		
与慥	孟边				与迁	与莛	与逢	与膺	与廪	与章	与廉	与宁	与浚			
希侈							希伲				希伋					
师仆											师尹					
											伯理					

										孟槦		
									与𬣙	孟橎		
									与斌	孟椽		
						伯积						
						伯宁	师珫	希评	与政			
									与谭	孟偹		
										孟傔		
									与榛	孟侇	由𬭎	
											由锳	
										孟储		
									与禧	孟仉		
									与哲	孟偡		
									与得	孟倢		
								希藻	与式	孟遃		
										孟遈		
										孟𨗨		
									与工	孟遡		

		与倍	
	希爻	与质	孟仆
		与贽	
		与𧹞	
		与偾	孟径
师赇	希本	与孛	孟瀷
			孟荓
		与渟	孟琹
			孟禦
			孟棣
		与季	孟诒
		与游	
		与教	
		与钦	孟璥
			孟许
	希莘	与晢	孟直
		与经	

	孟琏				
由显	孟琬				
	孟珌	与阳			
	孟适	与猷	希政	师魏	
				师寿	
			希凤	师缉	伯端
		与讱	希幸		
		与杒			
		与栵			
	孟璓	与榦	希辛		
		与雅	希早		
	孟偏				
	孟𠍣				
	孟傯				
	孟代				
	孟仆	与衜			
	孟傶	与滋			

	由淀			由玖	由玑	由泌	由瀑		由仍							
孟琏	孟璐	孟瑶		孟迈		孟遵		孟□	孟道	孟远	孟遡				孟滤	孟激
		与椿	与颐	与事					与浮		与絜	与洌			与柚	
				希霓											希怨	
													师圣		师弼	
													伯椎	伯益	伯敏	

		孟瑳	孟郿						孟眛	孟略	孟堣			孟凝	孟浖	孟淋
与镤	与锱		与锜					与槗		与烴	与焍		与楸		与榑	
			希湝	希洽				希滔			希瑱	希皋				
				师仁				师伦				师列				
				伯诚		伯震	伯镇									
				子思	武翊郎											

子	伯	师	希	与	孟
训武郎子元	伯嚞				
子信					
秉义郎子言					
忠训郎子才					
	伯羽	师翼	希谞	与辁	
	伯兹	师宁	希佶	与锐	孟璠
修武郎子泰	伯玕				
	伯敏				
				与鐰	
				与錤	
				与锖	
				与镔	

	师岣		
	师韶	希倘	
		希铚	
伯志	师凤	希轓	与诘
	师圻		
	师坺		
			与晋
	师壌	希滜	与高
		希谦	
	师墇	希涟	
			与哲
	师垲	希错	与砻
		希週	
伯暎	师坏	希钦	与璐
	师堉	希潍	
伯曈	师墁		
伯嘉			

秉义郎子山	伯俊	师道	希铙	与垗	
				与堰	孟昞
				与埰	
			希冬	与盛	孟淀
				与豆	
			希铍		
	伯偃	师文	希渊	与倎	
				与恫	
			希潘	与椆	
		师周	希㮚		
			希麟	与留	
			希济	与骕	
				与䙰	
		师谟	希梓	与钞	
				与涭	
	伯傅	师贯	希机		

		师日	希穆	与楼	
				与⿰忄行	孟锤
		师革	希稷	与愐	孟橘
				与慓	
忠训郎子召	伯仁	师威			
从义郎子绅	伯偏	师抝	希子	与⿱宀康	孟怀
				与寰	
			希况	与⿱宀享	
				与宠	孟悟
			希渫	与寓	
				与⿱宀夆	
			希沵		
			希潏	与⿱宀重	
				与宦	
				与谊	

			希釭	与瀎
			希鐽	
				与湃
				与泝
				与汰
				与潩
		师壅	希钲	与湸
			希钿	
			希鏓	
			希错	与咏
子由 训武郎	伯倚	师瑠	希铈	
			希淥	
			希灡	
			希濼	
			希滭	
		师樽	希濯	

令	子	伯	师	希	与	孟
					与泗	
				希镰		
			师玦	希钺	与泙	孟稆
						孟稽
				希链		
			师揩			
		伯付				
太子右内率府副率令楮						
赠南阳侯令湑	武经郎子罕					
	右侍禁子仁	伯善				
		伯寿	师华			
			师逋	希直		

		希珷			
		希劓			
		希玢			
				伯求	
				伯庆	
孟衎	与蕺	希掖	师是	伯通	
孟衜					
					秉义郎子常
					赠武经郎子通
					训武郎子敷
					左班殿直子兴
				伯益	承节郎子亮

		伯越	师恕	希琪	与祴	
				希騵	与裸	孟𤥭
					与祊	
					与褑	
			师窸	希伃		
				希绂	与棆	
	承节郎					
	子哲					
赠华险	奉议郎					
侯令坎	子佑					
	忠翊郎					
	子伋	伯玉				
		伯洪	师裾			
		伯净	师玓			
			师玶			
		伯勇	师玫	希谂		
			师颐	希讱		

孟熅											孟⿰王斤	孟珽		孟溓	孟滞	
与鋈											与⿰王攵			与鉒	与⿰钅百	与铄
希⿰讠玄	希讳										希论		希梼	希傈		
	师珣	师⿰王佥		师瑮							师滂		师珹			
			伯求	伯溶				伯揆	伯捄	伯握	伯拱					
					从义郎	子侢	承节郎	子仲								

							师润					
						伯老						
					赠秉义郎子僚	伯益	师衮	希薰	与钰	孟濂		
								希苩				
								希兰				
								希蓑	与钺	孟枬		
										孟楥		
										孟梯		
								希芷	与镃	孟橦		
									与金			
									与鍌	孟秈		
									与鏖			
								希垌	与锁			
									与铋			
								希垒	与磩			
							师焕	希增	与锖			

			与迂	孟杙
	师熚	希忆	与遖	孟永
	师爔			
			与垌	
	师固	希榓	与埚	
伯建	师光			
	师省			
		希培		
			与锩	
		希垍	与镳	孟漕
	师熉	希塾		
	师熺			
	师煋			
			与锡	
				孟洮
	师烜	希坺	与铧	孟滦
	师烊			

伯损	师格	希鉴		
		希垔		
		希全		
		希奜		
		希孚	与隋	
				孟诉
			与輱	孟溪
				孟涝
			与輐	孟濮
				孟㴼
	师燐	希迈	与辐	孟澻
	师煖	希烋	与瀐	
		希仆		
		希坦	与谊	
				孟槄
				孟樸
				孟榛

与僊 与企 与偃 与伯 与偶 与榔

希埜 希[王贲] 希[王带] 希钗 希[山枼] 希昆 希麓 希兼 希错 希钘

师采 师欢 师烛 师燧 师粹

太子右内率府

副率令晃							
赠武功郎令琦	忠训郎子膺	伯晋	师滕	希赡	与澾		
					与佸		
					与佔		
				希永	与铎	孟涀	
						孟湡	
						孟涺	
				希庚			
				希廙	与琭		
					与窦	孟[illegible]	
				希庇			
			师虢	希丘	与偾		
				希徐	与搥	孟讲	
						孟玗	
						孟珝	由瀵

				与擻	孟珬
				与拚	孟珵
				与挤	
				与扶	
				与控	
			希炎		
加赠太中大夫子庆	伯釴	师洄	希柖		
			希楄		
			希榛	与燸	
			希桶		
			希戭		
		师溓	希杼	与熜	孟垐
			希棖	与熑	
				与炤	
		师浣			

		师净	希椂	与熠
				与烆
			希楳	
	伯铈	师沍		
		师涂	希棈	
	伯铢			
	伯铨	师汝	希档	与偒
		师浇	希榛	与陵
承信郎子庠				
武翊郎子序	伯旹	师滽	希睬	
			希樲	
			希櫑	
			希槑	
		师诺		
	伯习			

		伯沓				
	秉义郎子广	伯凯	师弋	希佯		
				希侔		
				希衢		
		伯登	师昕			
			师沦	希逵	与町	
				希佞	与烦	
			师憲			
	从义郎子度	伯钧	师澗	希逌		
		伯昌				
	承节郎子庚					
敦武郎令钜	保义郎子章	伯栋	师志	希猛	与璋	孟镈
			师恖	希璠	与赈	

								希瑂				
								希琟	与赊			
								希琭				
								希玞	与员			
									与赉			
								希𪻐				
					子莘							
					子皋							
					子阜	伯材						
				左班殿直令俻								
			右屯卫大将军世侹	赠房陵郡公令休	太子右内率府副率子演赠金紫光禄大							

夫子益	伯瑜	师仁	希坦	与鄘		
				与厚	孟儆	
			希衍	与平		
		师份				
	伯琮	师晋	希照	与逑		
				与瑇		
				与錍		
	伯璋	师耳	希声	与方		
				与彭	孟锱	由滐
					孟锳	
			希是	与恩	孟钒	由沿
					孟钲	
				与丰	孟镔	由湢
						由浛
				与圓		
			希冀	与溱		
				与漪		

				与净	
				与淅	
		师序			
	伯琥				
左班殿直子需	伯瓛				
赠朝奉郎子随	伯才	师仟			
		师保	希近		
			希迖	与湨	孟棩
				与炟	孟桯
					孟楝
					孟樛
					孟杬
				与烇	孟杲
				与爓	
			希逍	与暇	

孟甯	孟宁											孟荣	孟蒉	孟苁	孟菁	
与戚	与卧	与邻	与仝		与峋	与崐	与岠	与峙		与峸		与昭			与晼	与曈
			希逮			希祕		希柭	希梓	希公	希遊					
			师化	师邬						师信						
			伯球							伯琭						

										孟宔		
									与辩			
									与厷	孟赍		
					忠训郎子栭	伯琳						
						伯瑛						
						伯瓘	师记	希孳				
								希铨	与[illegible]			
									与缌			
									与[illegible]			
						伯璪						
					子履							
					子常							
				赠富国公令挨	子右	伯望						
					子侁	伯隐						
					赠武略							

郎子文	伯迪	师佖	希声	与盛		
				与泳	孟瀹	
					孟铬	由璲
			希候	与组		
				与缜	孟锏	
					孟轵	
			希赏	与缇		
				与纕		
			希戬	与绂		
		师淏	希敉	与蒹	孟桦	
					孟檴	
			希潞	与坣	孟璪	由贲
					孟玲	
				与宣	孟浏	
					孟滨	
					孟潾	
			希记	与圣	孟奎	

				孟塺
			与靡	
			与轮	
			与橹	
	师份	希谈	与熯	
			与焕	
伯近	师涣	希贡	与焌	
			与烨	
			与燧	
		希晁		
		希尹	与煌	
			与炌	孟珂
				孟球
			与炘	孟增
		希玩	与燮	孟埭
				孟埬
			与灼	孟塡

师澄	希榛	与必	孟圭
			孟垚
			孟堅
			孟陞
	希枰		
师滨	希柟		
师渊			
师汲	希桯		
	希栝		
	希榑		
师泳	希梓		
	希棐		
	希桎		
	希栥		
	希栻		
师洌	希椨		
	希棤		

		师沄			
		师淑	希檠		
			希楷	与洁	
		师汤			
		师源			
武经郎子撤	伯迩	师掇	希伦	与孶	
		师併			孟最
		师昱	希广	与柝	孟潗
				与林	孟潞
					孟瀑
			希政	与橚	
				与樇	
				与燊	
			希宜	与余	孟筅
					孟箈
			希信	与橚	

			师杓				
		伯选	师鹏	希夔	与庑	孟仙	由礼
							由禩
						孟桀	
					与丝		
					与消		
				希躬	与渫	孟倜	
			师容	希谕	与胜	孟墾	
				希淮	与迁		
		伯迈	师景				
			师晏				
	子迹						
	子询						
太子右内率府副率令撫							

	赠右领军卫将军令巾					
少师、昌国公世表	太子右内率府副率令佗	子平	伯迟			
	太子右内率府副率令畠	子受	伯近	师涣		
	赠汉东郡公令甘	左侍禁子兆	伯俊	师旦		
				师道	希铙	与瑮
					希茔	
			伯达	师忠	希俐	

				希伸	与柱	
				希淡	与栏	
				希港		
				希杰	与枂	孟焞
						孟燧
						孟煠
					与楄	孟烻
					与棱	孟炷
			师愿	希伐		
	子先	伯旸				
	秉义郎子立					
	子永					
赠左屯卫大将军令春	三班奉职子平					
	成忠郎					

	子受					
赠华阴侯令航	子力					
	子伭					
	忠训郎子伯	伯兴				
		伯康				
	再赠右朝请大夫子淡	伯侠				
		伯侃	师道	希为	与锺	孟玞
						孟琒
						孟珊
				希佳	与桶	
					与槚	孟洤
					与横	
			师德			

	由泽	孟保	与璇	希牧	师备	伯供
				希镨	师音	
					师育	
					师章	伯僐
				希褫	师溁	
					师义	
			与浼	希桁		
				希栘		
			与塓	希梴		
				希橿		
				希榼		
				希枅		
				希柱		
			与锋			
		孟琛	与铬			
			与𫓧	希梿		
				希晋	师揆	

					由⿰衤冋
				孟侯	
			与瑎		
			与⿰王蒂		
		希比	与⿰車尔		
			与瑑		
	师端				
	师求	希昌			
	师子				
	师谍				
	师闵				
	师路				
伯僑	师荀	希⿰王戠	与洙	孟逨	
				孟遈	
				孟迨	
		希珍	与⿰氵严	孟⿺辶雚	
伯侔	师瑅	希畟			

								希虢				
							师倪	希崃	与沼			
									与瀵			
								希岈				
								希峥				
							师葛	希盉				
							师颋	希洌				
								希洅				
						伯伊	师係	希岠				
				赠北海侯令泮	忠训郎子匀	伯维						
					子仲							
					子愿							
			右武卫大将军世镇	赠北海侯令䲡	子卿	伯峤						
						伯荣						

子颜					
武翊郎					
子鑫	伯巩	师孟			
		师逵	希方		
			希矩	与邀	
			希敃	与铉	孟修
					孟采
				与镰	
				与鍱	
				与铃	
		师逘	希访		
			希葳		
			希采	与焖	
				与灯	
				与煁	
		师迦	希讬		
			希讵		

								希谨				
					右侍禁子彪							
					从义郎子虩							
					子李							
				赠东平侯令瞿	忠训郎子迵	伯顺						
					忠翊郎子余							
				赠奉化侯令壶	三班奉职子伯							
				赠右屯卫大将军令茂	修武郎子赓	伯修						
						伯元						
					训武郎							

		子应	伯归			
			伯褚	师向	希秉	
					希坊	与遄
						与遳
				师白	希湏	与遷
						与迺
					希溏	与桶
房国公世家	太子右内率府副率令铺					
	赠景城侯令劭	右侍禁子暕				
		成忠郎子说	伯禔	师确	希年	
					希潽	
					希悉	

								希滦				
					子爻	伯谨						
			房国公世疆	赠安康郡公令碑	秉义郎子礼	伯至						
						伯旦						
						伯固	师臤	希术	与懲	孟垷		
									与悠			
									与忝	孟㙰		
								希衢	与急	孟括		
										孟櫄		
									与惠	孟桄		
								希衔	与意	孟沓		
							师谒					
					武德郎子祐	伯直	师铉	希嶆	与竣	孟儆		
								希挺	与僠			

		与偪	
		与倚	
师息	希鱼		
	希珉	与憲	孟辰
			孟厉
			孟历
			孟反
			孟㕦
		与惄	孟机
			孟祺
		与戆	
	希宁		
	希堑	与瀌	孟祩
		与汻	孟穛
师绛	希谡		
	希绊	与凌	
	希绡		

	师𨛬	希讃	与懕	孟升
			与愸	
			与懋	
			与聦	孟景
				孟早
			与愁	
		希护	与愬	
			与忐	
			与愿	
			与惷	
			与怱	
伯亶	师祉	希僾	与逃	孟樒
				孟格
			与逭	孟楹
				孟楪
				孟槲
				孟杫

孟⿰日垂		
孟暠		
孟時	与汎	希值
	与斑	
	与⿰王费	
孟迣		
孟淘	与⿰王隶	
	与玐	
孟送	与琲	
孟瓒	与琛	
	与琝	希保
孟涷		
孟濵	与玧	希僘
	与逡	
孟橝	与迎	
	与遷	
孟㭎		

孟晗	孟暎	孟晄	孟滄													
与潓	与潍		与遄	与珠	与诇	与澞	与涑	与湑								
			希徒	希傸		希瓘										
						师赞										
									伯丰	伯亘						
											三班奉	职子祚	子祉	保义郎	子视	从事郎
														朝请郎	令珪	

	子觀					
	承信郎子靚					
赠武节大夫令淘	武节郎子川	伯初	师镃	希洽	与迨	
					与遻	
					与迴	
					与迡	孟室
					与迌	孟贲
					与邅	
	子言					
	从义郎子昌	伯衣	师筹			
			师箌	希瀐		
				希汶		
			师簣			

							师荣					
							师筥					
			东阳侯世敞	赠洋国公谥孝请令奥	修武郎子赋	伯洧						
						伯溱						
					从义郎子[贝睿]	伯涛	师骞	希椿				
								希相				
								希[亻黹]	与赞			
									与许	孟遲		
										孟莲		
								希倣	与绶			
									与缙	孟[礻逢]		
									与绰	孟[焱木]		
										孟禩		
										孟褗		

			孟祤
	希伉		
	希修	与弻、	孟瑰
		与强	孟玊
			孟璧
		与弥	孟瑧
			孟⿰王卬
			孟⿰钅韋
		与玿	
		与渊	孟瑾
	希仕	与缯	
	希偶	与⿰纟栗	
		与缜	
师驹	希俵	与珉	
		与玫	孟玥
		与⿱敄玉	
		与琗	

与悰	与恪	与堛	与坤	与坫		与壢		与逑	与迼	与遛	与迬	与迟	与沛			
希俌				希婍	希蓩	希煠		希农					希橚	希楷	希梂	希仔
								师鐃						师澠	师潆	师澌
								伯涤						伯漕		
							武翊郎	子赐								

								希僱	与垖					
									与𡋤					
								希儴						
							师滮	希杰						
								希僵						
							师淲	希涅						
							师练							
						保义郎子䏭加赠武功大夫子卟	伯诗	师椟	希烱					
								希□						
								希焌						
								希烓						
							师榕	希熛						
							师栎	希熔						

							师枚	希焴				
								希烊				
							师杠	希熡				
						伯淮						
						伯沟	师槐	希烟	与坏			
									与埩			
								希烒	与弆			
							师栩	希燀				
							师楣	希炢	与𪤵			
								希烰				
								希炂				
								希燥				
							师槔	希焍				
						伯渊						
					再赠少							
					师子潚	伯溥	师固	希虎	与奎			
									与熹			

			与裹	希薇	师謦	伯沔
					师儆	
		孟概	与競			
			与畣			
		孟遒	与㬎	希克	师圣	伯洄
					师心	
				希鼇		
			与桄			
			与楗	希侁		
			与栟			
			与杵			
			与横	希元	师周	
			与宫			
			与申	希偪	师吕	
			与衮			
			与褒	希兢	师回	
				希处		

					孟杆											
与部		与锹	与镬		与逵	与填		与枷	与楠	与枞			与侥	与何	与傍	与仗
希商			希室	希任	希点	希蕙			希茞	希菁	希萱	希艾				希耩
师鉴	师铢			师竺	师桌	师禀	师臻			师脊						师謇
				伯津			伯涣									

		与遁		与潇		与辟	与愈	与偹	与慹		与榎	与杞			与𬳶	与驼
希斁	希旼	希祕	希榅	希科	希𬘓	希组	希熿				希徒	希徐	希侨		希季	
师仇		师僖			师赈		师徆				师譱			师岌	师旹	
伯淳										伯洪	伯湜					

								希稹				
					承节郎子毗	伯渭						
					忠翊郎子湎	伯泌	师穮	希岍				
							师柳	希茾	与鋑	孟囦		
							师郑	希彰				
								希杉				
								希彩				
						伯沆						
				西染院使令修	忠翊郎子贤							
					保义郎子缋							
					成忠郎子赘	伯塾	师殊					

						伯窒	师念	希幹				
								希辂	与蔼			
									与蓴			
								希鏻				
								希錭				
							师点	希砚	与碤			
									与萋			
									与蕬			
								希礹				
					子螟	伯全	师说	希造	与偓			
								希策				
							师覗	希逵	与讦	孟伯		
										孟仞	由珙	
											由琜	
									与諏	孟御		
										孟备		
								希迒	与讯			

		孟觡						孟珠								
	与谥	与譓	与谡	与譆	与譣			与错	与宇		与亶	与誢	与□	与□	与诖	与誀
希遡	希迁			希刚	希规	希□	希适	希蓬			希遛	希违		希迦	希遑	
	师丞					师诤				师止	师登	师壮				

								希迁				
							师淀	希导	与岃			
									与岩			
									与芈			
									与仑			
									与峬			
									与峉			
						伯灏						
				右班殿直令璪								
				内殿承制令傥	从义郎子宝							
					秉义郎子财	伯昌	师敳	希灦				
								希漨	与艮			
							师桊	希缜	与禥	孟俢		
								希卯	与褶			

孟瑊	与祐	希西				
孟球	与神					
孟璎						
	与零	希勔	师谢			
	与桴	希效				
		希諔	师傁			
	与樋	希熿				
	与湲	希秦	师捴	伯晃		
	与坵					
						西头供奉官令敷
孟诚	与鲁	希陵	师尹	伯□	保义郎子□	从义郎令侨
	与昔					
孟潒	与晁					
孟谆						

	与闉	希扔
		希涌
	与蘧	
	与遒	
	与□	
	与途	
	与逞	
孟澳		
孟注		
孟沃	与迦	
	与逘	希宏
		希戚
	与呰	
	与昙	
	与[illegible]	
孟诏	与昚	
孟评		

									与訚			
									与闳			
								希揞	与阐			
									与闾			
								希挤				
							师诸	希耆	与埍			
								希茀				
							师旼	希力	与迁			
								希穮				
								希恮				
					子赒							
					子贻							
				左班殿								
				直令铏								
				武翊郎								
				令洄								
			华险侯	赠左领								

世灼	军卫将军令粲	奉议郎子通	伯观	师荛	希佩	与默	
						与识	孟琛
							孟琚
							孟珪
						与诺	孟琉
							孟玧
					希作	与亨	
						与谆	孟沨
						与训	孟璁
						与讷	
				师韫	希涝	与绢	
					希乙	与淯	
				师棣	希甲	与鋻	孟复
			伯升	师沛			
			伯复	师汤	希诲	与觉	孟佺
				师壕	希识		

		与備	孟滏
		与傅	孟衘
师似	希侻	与佰	
	希倂		
	希伶		
		与燎	
		与熄	
		与烊	
	希倍	与熠	
师方	希倨		
			孟□
			孟□
			孟钦
		与凌	孟饰
			孟铁
	希愎	与路	孟铅
	希翌		

				与僾	
			希琀	与峄	
				与憺	
				与鉹	
			希搏		
			希招	与璹	
	伯履	师安	希驷		
			希卞	与供	孟侢
				与釜	孟谘
			希玱	与珽	孟溧
				与憘	孟灏
承直郎子迪	伯现				
忠翊郎子进	伯渗	师敖			
		师敔			
		师敌			

			伯靓	师瀓	希铉	与埙
				师敉	希持	
					希棣	
					希椮	
	西头供奉官令父	保义郎子□	伯精			
	西头供奉官令瞭					
河内侯世系	太子右内率府副率令惇					
	右班殿直令□					

宋史卷二二〇

表第一一

宗室世系六

		楚国公从信	康国公世显	赠东平侯令典								
				赠建国公令贯	左侍禁子明	伯缓						
						伯纯						
					赠中大夫子昉							
					武节郎							

子晓	伯俦			
	伯山			
	伯川			
忠训郎子昕	伯达			
	伯适			
	伯遇	师古		
		师性	希略	与稻
				与枝
			希适	
			希继	与榴
		师弓	希渝	
			希斓	
			希淂	
		师影	希迳	
忠训郎子时				

					从义郎子照	伯衖	师旦	希诵				
								希诚				
								希壕				
								希铱				
								希省				
							师回	希鐕	与梨			
							师公	希峄				
								希錄	与徣			
									与徯			
									与𢕟			
						伯术	师嵩					
							师谨					
					子睽							
				朝散郎令铸	再赠武翊郎子晴	伯润	师田	希阓				

			希畸	与镳	
				与镾	
				与铢	
		师哲	希逌	与桯	
				与格	
			希逭		
	伯闰	师贤	希折	与愚	孟佳
					孟倠
			希誓	与宪	孟伲
				与态	
				与悉	孟伹
				与忿	
		师惠			
	伯澜				
加赠特					
进子昳	伯源	师纯			
		师优	希仟	与铁	孟琉

保义郎子暲
成忠郎子時
子晫
保义郎

伯濠
师鍢
希艺
与佯

希灵
与鋑

与铼

希仢
与鏽

希密
与鑓

师晦
希洋

师阜

希倈

希供

师矩
希仵
与铫

师沄

希修
与鋂

			与[石宿]									
			希[日亢]	希昕	希暕			希盱				
			师注			师沾	师渭	师淋				
		伯顺	伯顿								伯诹	
武节郎子昕	成忠郎子暭									成忠郎子晦		
内殿崇班令昺									右侍禁令玶	武经郎令森		太子右内率府副率令
												河内侯世渊

				首	赠洋川							
				郡公令	右侍禁							
				扁	子珍	伯达	师孟	希沄	与聪	孟钜		
										孟铨		
										孟铳		
								希启				
								希厦	与袿			
								希涣				
							师颜	希甞	与功			
									与居	孟瑀	由棣	
									与辅			
									与改			
							师闵	希瀀	与模	孟熜	由埙	
										孟炳	由埏	
										孟勋	由墇	
									与纯	孟熇		
										孟孜		

孟爝					孟娣			孟埈	孟浩	孟伃	孟[illegible]					
	与化				与柘	与巽	与致	与松			与麾	与亦				
		希朋			希仔	希森					希异		希偓			
		师言	师守		师单								师猛			
					伯游											
				从义郎	子珏									右侍禁	子琎	成忠郎

子瑾	伯蘧	师孚	希拯	与俱	孟仁	由初
						由祥
						由禋
					孟儒	
					孟仪	
					孟仙	
					孟伸	
				与为	孟义	由耑
					孟能	
					孟存	
			希抡	与真	孟正	
					孟扬	
					孟信	
			希摅	与畿		
			希抑	与颜	孟浟	
				与契		
		师向	希腾			

孟埏													孟𫓧	孟锞		孟钞	孟铋
与试	与遈	与傒								与晓	与晥			与僻	与菘		与嶷
希仓		希损	希俑	希侯	希伪	希储	希倦	希骡		希暮	希考					希符
		师稣					师重			师芝						

				孟择	
				孟捋	
		希扛			
	师乂	希信	与颙	孟穗	
			与邂		
		希志	与俟		
			与体		
		希念	与徒		
			与倡		
			与俄		
伯逸	师息	希艮	与端	孟垍	
				孟埣	
				孟垎	由燧
				孟墀	
			与倩	孟壇	
			与餔	孟埤	
		希坤	与静	孟昭	由錝

孟作		
孟远		
孟恭	与迪	
孟谕		
孟䜣		
孟礼	与光	
孟塽		
孟濨		
孟俩	与尔	
孟倩		
孟雅	与福	希哭
孟酉		
孟俣		
孟偦		
孟佋		
孟伻		
孟淲	与用	

				孟备	孟潼	孟漙	孟仑	孟峻	孟孝			孟抍				
与镌	与镦	与鋈	与鑯	与檖		与璹			与众	与骧	与驸	与滨	与诣	与𫍲		与稪
			希诣	希讦		希讽			希章					希殴	希从	
						师绪			师恬					师缍		

	伯通				
修武郎子赟	伯适	师消	希谱	与樌	
			希淡	与稠	
		师招	希庶	与[illegible]	
		师遐	希罷	与粢	
				与钹	孟塑
					孟埜
					孟壢
				与铠	
			希革		
			希䓖		
		师悌			
		师偟	希壶	与镳	
			希敢		
			希诔		
		师嚣			

令	子	伯	师	希	与	孟
	成忠郎子瑁	伯逵				
		伯遵				
		伯遇				
	子瑶					
	子璋					
赠河内侯令曾	从政郎子理	伯衎				
	子璪	伯宣				
		伯民				
		伯徽	师义			
		伯琭	师仁			
			师礼			
	再赠武略大夫子玘	伯章	师积	希埙	与革	孟構
					与履	孟林

孟榞				
孟桐				
孟榶	与晓	希垕		
	与衔			
孟材	与耐			
		希约		
	与董	希圭		
			师得	
孟俶	与典	希右	师美	伯宜
孟儁				
孟仍				
		希焘		
		希然		
			师治	
			师荸	
			师兹	伯交
		希虔	师羲	

								希镃	与𬳶			
							师满	希寿	与坐			
									与在			
								希寿				
							师兑					
							师中	希铄	与晼			
									与㬔			
						伯立						
					忠翊郎子琦	伯戬						
					子琰	伯慤						
						伯惠						
			北海侯世爽	赠右屯卫大将军令跻	奉议郎子发	伯达						
				赠洋国公令洋	三班奉职子振							

朝议大夫子俶	伯祐	师乙	希领	与缧	孟携
					孟侩
				与立	孟偕
					孟仂
					孟堃
			希颐		
			希预		
	伯禄	师戈	希魏	与森	
			希梁		
			希程		
			希甫		
			希裴		
			希忠	与棒	
				与樗	
				与榕	孟倎
				与梡	

							师吕	希愈	与枳	孟诺		
									与槢	孟该		
								希平	与灏	孟任		
										孟傈		
										孟德		
										孟倘		
								希伦	与淏	孟俊		
										孟侍		
										孟偕		
									与湧			
									与淐			
						伯祈						
						伯禔	师奭	希尧	与知	孟禄		
										孟镃		
										孟铠		
									与王			
									与喻	孟祥		

由璞

孟祮 孟祉 孟禋 孟俓

与极 与比 与潇 与唯 与唫 与伷 与儹 与僇 与焜 与焯

希勉 希逸 希静 希忠 希唐 希锜 希枖 希栉 希枨

师契 师清

伯祐

		与烑	孟竫
			孟翊
			孟淲
		与炀	
	希栋		
	希檀		
	希窠		
师鸿	希爕	与伦	孟鉴
			孟鍌
			孟⿱𡨄金
			孟⿰钅咠
		与珗	孟镨
			孟钱
			孟镔
		与瑆	孟⿰钅虎
			孟⿰钅惠
			孟铠

由晖																
孟録	孟镄	孟镦						孟资	孟脉	孟贺		孟赉				
与璭			与璮	与琟	与瑒		与享	与葦			与槑	与莫				
						希岩	希岌	希嵏				希贳	希楶			
														师溉		师表
																伯昱
															朝请大	夫子仁

	希迨	师文		
	希辎	师渡		
	希密			
与岈	希寅	师熏	伯问	
		师产	伯礼	子杰
				修武郎
				子任
			伯祥	
		师颜		
		师进	伯瑀	子效
				武德郎
				子亿
			伯顺	
		师珢	伯硕	
			伯颀	
			伯灏	
		师衮		

			希运	与治	孟御	由烨
						由炜
右班殿直子健						
武经郎子伋	伯泰					
	伯硕	师珉	希堇	与爵		
	伯裀	师植	希升	与垒		
子仰						
武翊郎子攸	伯亶	师昀	希泞	与镞		
				与铢	孟褒	
				与镧		
			希湉	与鏓		
				与铆		
		师棫				
		师墉				

			师慁	希旼	与逡
				希晼	
				希昹	
				希晦	
				希暕	
				希昛	
				希熤	
赠右屯卫大将军令摅					
赠河内侯令耽	三班奉职子绅				
赠感德军承宣使令感	三班奉职子宣				
	保义郎子泽				

	孟璧						
	孟壂	与振	希鞯	师扈	伯櫄	太中大夫子湜	赠太保令志
			希优				
	孟榇	与耆					
		与胄					
		与惺					
由佀							
由仕	孟浚	与旴					
	孟粜	与肖	希急				
		与瑷	希攸	师定	伯愿		
					伯虑		
由仏							
由佇	孟筵						
	孟宏	与瑶	希彬	师存	伯恕		
					伯宪	修武郎子泸	

	师易			
伯鏞	师皋			
	师暘	希道		
	师秩	希僎	与檼	
		希涛	与垌	
			与玨	
		希侃	与扬	孟铢
		希晔	与滐	
			与映	
		希迥	与津	孟炌
	师恬	希俟	与岭	
			与嵋	
		希浼	与易	
			与谌	
伯鲁	师元	希心	与楑	
	师楹	希偲	与颊	孟隆
		希俫	与会	

									与握	孟环		
									与燿			
									与庂			
								希仞	与焟			
								希祚				
								希巛				
							师焱	希价	与讙			
									与谖			
									与诮	孟例		
								希伻				
					左朝请大夫子汲	伯鲤	师俗					
						伯樟	师侣	希鉴	与瑂			
							师倧	希工	与琠	孟杍		
										孟槙		
										孟榗		

	与錾	希圣		
		希丕		
			师做	
孟锹	与泮	希抗	师佮	
		希挥		
	与赣	希措		
孟操	与铭	希埘	师供	伯杞
	与镛			
	与铈	希垓		
		希圻		
		希埈	师炽	伯杭
		希址		
		希扎		
		希坫	师煁	
	与铧	希垲		
		希堁		
		希壖	师炘	

				与㻩	与瓅	与瓗								
希遐	希遭					希遴		希遈	希遨					希埤
	师伶	师儗	师儃			师僝	师堞	师休	师儋	师偘			师煖	
							伯拘			伯材	伯通	伯枢		
										左承议郎子沃	直秘阁子浃			

				希蘧	与瓛
					与珦
				希迸	与現
				希遄	
				希逃	
		伯楰	师泚		
			师倕		
			师胼	希逮	与珴
			师汎		
			师侁		
	朝散郎、子浚				
赠高密郡公令禨	赠右承事郎子浩	伯禄	师克	希逾	与谐
				希迪	与珂
					与和

子汶	伯禧			
秉义郎				
	伯彩			
子渤	伯彰			
朝散郎				
	伯禛	师季		
			希遐	
				与谒
		师田	希逖	与该
		师虔	希邋	
			希逮	
			希乃	
			希逞	
			希遭	
			希迈	
			希逊	
				与客

	通直郎子汤	伯愨			
		伯谷			
	左从事郎子濮	伯祥			
	朝奉郎子滮	伯汉			
	承议郎子洌	伯杰			
		伯埙	师晕		
			师隗		
		伯俨	师赟		
赠太师、惠王令廌	再赠正奉大夫子游	伯禾	师勋		
			师烈		
			师焯	希瑭	与寊

	孟琲	孟瑓	孟瑠	孟瑙	孟珬	孟珆	孟洽				孟畮		孟界			孟沅
与宦	与榛		与扐				与授	与揆	与提	与拔	与搸	与扔	与播			与逞
希琮	希珧													希闵		希彝
	师点														师黯	师汇
	伯采															

	与椗	希文		
	与柯	希孟	师疋	
			师建	伯棠
	与莅			
	与候	希栎	师瑀	
			师颜	
	与瀫			
	与瀴	希纹	师尹	
			师熹	伯棐
	与諅			
	与訹			
	与詹	希迸		
		希饶		
	与莚			
孟沓				
孟訹				
孟潘	与遽			

伯杲	师石	希核	与週	
			与迮	
			与遣	
		希柠	与畯	孟仵
				孟侗
			与融	
		希梣	与炅	
		希檍	与沭	
	师勉	希燡	与墉	
			与历	
		希燧	与垺	孟锥
			与埭	
			与坲	
		希烇		
		希照	与勰	
			与坤	
	师岘			

伯果	师宜	希宾	与恦	
			与惈	
		希容	与懔	
			与惔	
	师珇	希邾	与忕	
			与懁	
		希遻	与悁	
伯茉	师肆	希各	与遂	
		希艆	与澂	
			与任	
			与徕	
		希詧	与怿	
			与怆	
		希觃	与㥀	
	师至	希旮		
			与欢	孟傅
				孟保

						孟值	孟什	孟倜	孟倞	孟仵	孟仍	孟宿	孟符	孟休	孟伺	孟仔
	与俅	与憯		与价				与萃	与檄							
希郤		希苔		希箸	希讱			希诒	希宕							
		师璬	师琫	师球				师璹								

	师琏	希笥			
	师珂	希访	与傯		
	师珥	希谓			
伯棄	师瑞	希诰	与潒	孟樾	
			与灈	孟椋	由锦
		希器			
		希杋	与璧	孟壸	由沓
				孟仚	由樸
				孟岦	
			与鏊		
			与炵		
			与奎		
		希霭	与淦	孟榛	
				孟椅	
				孟栫	
			与激		
			与凉		

		由潽	由浩	由溭	由溢									
		孟班		孟璆	孟玗	孟俺						孟銴		
与濞	与傂	与傒				与柅	与槷	与蒲	与棋	与柳	与杜	与𨑨	与逡	与迿	与乃	与逮
	希谨	希银				希汸	希滐	希涝	希濒			希龙	希檑	希愚		
		师同				师云						师周	师召			
						伯乘										

				与遨
				与遡
				与遏
		师秀	希宅	
	伯栾	师种		
		师枢	希室	与澨
			希鋐	
			希钢	
			希锷	与墐
			希键	
			希鉨	
			希钫	与坜
			希锌	与潽
			希鉡	
	伯栞	师吉	希蒉	
			希𬜬	
三班奉				

					职子涛							
					修职郎子淙	伯果						
					宣教郎子濬	伯榘	师材	希嘈	与逌			
									与逴			
								希[illegible]	与潩			
					子淳							
					祥符县开国男子濛	伯概	师绾	希过	与葵			
									与蒨			
								希恰	与范			
								希惜				
							师缙	希迨	与慗	孟垕		
										孟堂		
									与[illegible]			

								与悠			
								与忞			
							希遹	与应			
						师编	希央	与烶			
								与荧	孟瞵		
									孟畴		
								与檖	孟登		
								与煤	孟发		
									孟凯		
							希崟				
						师绍	希述	与侎			
					伯窠						
			武翼郎令伽	承信郎子溱	伯橼	师膽	希东				
						师联	希颤	与壒			
						师屽	希軝				
					伯椿						

			伯庄	
		宣教郎子淙	伯棻	师燠
			伯楶	
		子灏		
	武翊郎令鞏			
太子右监门率府率世护				
安康郡公世夔	太子右内率府副率令傅			
	太子右内率府			

				副率令纬								
				赠宣教郎令溠	子琪	伯佺						
					从事郎子执							
					子璪							
					子择							
					训武郎子揆	伯瑧	师玉	希迺				
								希逋				
							师益	希迮	与𣅷			
									与𣇵			
									与曚			
									与昈			
									与昳			
						伯瑞	师缮					

				师纁	希燮	
				师致		
			伯瑶	师岩		
少师华国公世鸿	赠建安侯令揣	忠训郎子琦				
		武经郎子只	伯演	师僭		
				师併	希潞	
				师俯	希械	与意
					希淲	与悊
					希[illegible]	与琟
				师仵	希玗	与磗
						与磷
			伯涣	师[illegible]	希淄	
				师菖	希洞	与淞
						与袖

孟佺	与锴	希渼	师佺	伯活	
	与镈				
		希沾	师倮		
		希潡			
		希濦			
	与栱	希夸	师枪		
	与瓔	希襘			
					武经郎
			师寿	伯诜	子禄
		希珥	师视	伯崇	
			师祚		
			师裾		
孟焘	与桃	希淤	师廉	伯铺	
		希戬			
		希电	师柔		
			师浥		
			师翊		

		师決	希秈	
	伯崧			
	伯瑞			
	伯胜	师陶	希谑	与熏
				与炁
				与渑
			希訹	与諎
		师证	希晈	与渨
		师濛	希琏	
	伯喜	师僮		
	伯炏	师倢		
		师书		
		师焙		
		师慬		
从事郎子祝	伯沂	师莹		
		师壅	希衎	

				希亿	与灌
			师璘		
	子祖				
	子视				
	忠翊郎子祐	伯缙	师勤	希熜	与泷
					与溯
					与溇
					与冰
					与淏
					与涅
			师淶		
		伯纯			
		伯绘	师濡	希鑵	与浛
				希铲	与浙
西头供奉官令					

				澈	子祚							
					子礼							
					子祯							
				武德郎令悉	宣教郎子初	伯文	师择	希贾	与莘			
									与堇			
									与珃			
									与玶			
								希汤	与皞			
									与皑			
									与昂			
								希槻	与蕙			
									与菖			
									与莱			
									与涝	孟透		
										孟遣		
								希辑				

孟缕	与茂	希芊	师擢	伯歌
	与瑞			
	与瑕	希姬		
		希绪		
		希启		
		希瀛		
	与迒	希眭		
	与萱	希谙	师拂	
孟䁒	与慹	希秄		
孟台				
孟塈	与侠			
	与琛			
	与淑	希筲		
孟欅				
孟桃	与津			
	与湑			
	与遂	希稷	师持	

子祎	伯守	师耆	希柩	与齐	孟仍
保义郎子祈					
	伯合	师命			
		师赓			
				与诉	
					孟宓
					孟牢
			希漪	与溢	孟宋
		师棣	希穑	与淡	
			希杆		
			希斓		
				与墉	
			希楧	与诶	孟珓
		师振	希竑		
			希桴		
			希闬		

	与旿		
	与畤		
	与功		
	与路		
	与畛	希枞	
		希厅	师镛
		希橦	
孟镳	与遁		
	与途		
	与槻	希桄	
	与江		
孟佃	与洸	希桂	
孟俅			
孟侳	与鼐	希宗	
		希默	
孟儁			
孟僾			

							师隖					
						伯瑾	师钟	希侙	与桔			
								希岳	与梲			
									与潩			
							师钺	希姚				
								希枫	与傈			
									与侉			
					成忠郎子榆	伯玖	师听					
						伯瑚						
						伯璨	师锵					
					子衿	伯珣						
						伯琇						
						伯圩						
				赠通议大夫令睹	再赠左朝散郎子祠	伯渊						

伯清	师志	希迵	与稀	孟珛
				孟瓒
		希浩	与穗	孟锐
				孟钀
			与种	孟铳
				孟钃
		希浚	与昔	孟瑸
				孟瑆
				孟琎
				孟瑅
			与普	孟璙
			与历	孟裥
				孟衿
			与盼	
		希湔	与淇	
			与酒	
			与洊	

由珞																
孟沍	孟淮		孟估	孟仟	孟溧	孟洎	孟鸿	孟澶	孟洇		孟钰	孟锫	孟璪			
与举		与沐	与奇			与侁	与况	与樱		与泾	与渭	与灌	与牧	与敷		与憬
希颠		希颣						希颠		希洤			希寘	希阐	希岐	希悆
师郇										师涟			师弨		师滈	
															伯俶	

			希聪			
		师愿				
		师坦	希炭	与球	孟镛	由時
				与璺		
	伯淙	师盈	希玲	与埂		
				与玱	孟敷	
			希锐	与往		
				与偏		
	伯瑢	师悬	希皋			
			希惠	与偕		
	伯汶	师辱				
	伯洋					
	伯溉					
再赠通奉大夫子褊	伯源					
	伯冲					

		伯晟	师雩	希淏	与榐	
		伯昜	师𩂣			
			师𩃎	希烃		
				希煴		
		伯昂	师霎			
			师霆	希潸	与镛	孟□
	子裕	伯浩				
		伯汶				
		伯泽	师边	希励		
				希扐	与榶	
					与梫	
			师然			
			师膳			
		伯浚				
	子禧					
	子湮					
武翊郎						

	令洼	子元						
冯翊侯世登	赠洋川郡公令群	三班借职子立						
		三班借职子建						
		三班借职子延						
		从义郎子佐	伯瑜	师慈	希诗	与悉		
						与懲		
					希淂	与滋		
						与湉		
						与潮		
				师后	希栗	与焆	孟概	由鏜
							孟埴	
					希意	与莒	孟僘	

		与蓁	
师下	希铁	与龠	
		与咸	孟璁
			孟瑢
			孟斑
			孟琄
		与暾	
		与复	孟瑕
师和	希阐		孟玙
	希羔	与玖	孟玥
		与琭	孟玟
			孟璵
师辟	希檴	与蓉	孟橼
师盈	希典		
	希详		
	希蔚		
师新			

			师功			
			师孝			
		伯琬	师籍	希求	与傁	孟快
					与俵	
				希傲	与栁	
					与楦	
				希谤		
		伯瑀				
	武翊郎子傅	伯珍				
		伯玠	师孟			
			师酉	希焆	与玠	
			师詟	希岦		
				希岩		
			师咏			
赠东莱侯令双	子构					

		子潜				
惠国公世耀	赠华原郡公令优	子珍				
		子瑞				
		修武郎子瑱				
		武节郎子骕	伯震	师亨	希亘	与滨
						与俥
				师褒		
				师亨	希磊	
		右班殿直子骄				
		子骄				
	左班殿直令尢					

										与渲			与堅	与垔	与独
					希蘨	希荐	希茫			希无	希璁	希黝	希鲸	希樵	希琭
			师[illegible]	师恢	师悟			师概	师慒	师浦	师洊	师瀼			师潭
			伯烜							伯雯					
		再赠武义大夫	子弰												
右班殿直令玑		赠武义郎令琈													

与瓔　与衙　与衎　与例

希圤　希镊　希柎　希㵘　希櫻　希禊　希墘

师洋　师滌　师濰　师渶

伯珢　伯霆

忠训郎子骃　子駜

右侍禁令怡　右侍禁令琈

				与鄘	与邮				与浑	与穰	与汇	与枕	与栟	与檣	与椋	
					希囿	希囷	希囦	希党			希僬		希焦		希看	
							师崽						师恁		师夔	
伯逿	伯翔	伯翾	伯騰												伯奎	伯彩

希煚

师逖

伯向
伯参

子宥
子寅

左班殿直令番
忠训郎令册
右班殿直令梗
右班殿直令谅
左班殿直令什

南康侯世掌
太子右内率府副率世赖

			少师、仪王世福	赠洛交郡公令晉	右班殿直子隆							
					成忠郎子正							
					武经郎子直	伯珪						
						伯瑾	师浤					
							师则	希赒	与焴			
									与蹭			
								希助	与延			
								希代	与欢	孟倢		
									与谾	孟伣		
									与镄			
									与相			
								希禔				
								希习				

	师博	希暀	与儦	孟蓍	由镤
伯珧	师沐				
伯瑜					
		希驯			
			与祈		
		希辨	与边		
			与祾		
			与襰	孟镨	
				孟铆	
			与祺	孟锯	
			与禊		
				孟琎	
			与裣	孟球	
				孟珢	
				孟璼	
				孟琫	
		希睦	与禑	孟琭	

										孟蕃		
										孟菖		
									与穟	孟铸		
									与谔	孟锟		
								希赤				
								希弓				
								希证	与玠	孟镳		
										孟钐		
									与协	孟侔		
										孟佰		
							师钦	希法	与订			
									与謷			
									与诀			
								希澳	与诚			
								希瀌				
								希洽	与树			
									与樸			

						孟栖		孟栎							
与杭		与闶	与冐			与[illegible]	与沵	与湅	与溲	与铳	与铜	与濂	与湝		
希彰	希沂		希渚	希任	希旺				希孜			希延	希偕	希蓺	希濡
师汲			师仞		师忽										师恂
伯承					伯强										
					修武郎子富										

								与塖	与埤	与㙦	与埃	与埥	与塼	与亮	与褚	与榶
希缓				希尃	希鍱	希郇	希祁		希登					希用		
师渝	师涓		师英											师作		
	伯烈	伯熊														

子畛					
成忠郎子颐	伯举				
保义郎子常	伯亨				
	伯周	师象	希丽	与湧	孟珣
				与沛	
				与灑	
			希埂		
			希垶	与溁	
				与卤	
		师悦	希珇	与俫	
			希璊		
		师仆	希桍		
			希栓		
			希檄		
		师傪	希栫		

权安定郡王令林	修武郎子麟	伯璩	师忻	希濡				
				希霖				
				希昰				
			师怀					
			师汴	希霑				
		伯環	师沧	希栒				
			师溢	希淂	与榫			
					与楈			
					与榥			
			师快	希辜				
		伯琇						
		伯琮	师浚	希锪				
			师汶	希真	与杯			
			师泌					
			师泮					

	伯鎏		
	伯珸	师儧	希㮚
忠翊郎			
子说			
修武郎			
修武郎			
子震			
子需			
子晋			
成忠郎			
子节	伯瑝	师泠	希濆
	伯玲		
	伯瓒		
子责			
从义郎			
子兑	伯暠		
秉义郎			

	子萃				
	承节郎 子巽	伯玺	师檖	希梡	与有
				希櫥	与廱
				希铬	与沅
					与派
		伯璧			
	子逵				
	子遇				
武翊郎 令牲	子俊				
	秉义郎 子赫	伯寿	师恨		
	子亮				
	子善	伯益			
右侍禁 令郯	赠武经 郎子道				

右侍禁令碧	赠忠训郎子逵	伯奋	师镃	希瑻		
				希琽		
		伯高	师钋	希卤	与谿	孟熹
					与诪	
				希沣	与稙	
					与谞	
				希谒		
			师录	希珫	与嵚	
				希琫	与密	
					与嵜	
					与蛮	
			师钫	希玐	与迻	
				希玶		
				希涓		
				希淲		
			师钠			

				希期			
			与铬	希煓	师洲		
					师瓜		
				希淯			
				希溜	师声		
					师参	伯豪	
						伯伃	
						伯催	
						伯儦	
						伯俦	子遇
							成忠郎
					师銮		
			与泗	希旴	师隆	伯阳	
				希莅			
				希湄	师铣		
				希漻			
				希溥	师镖		

武翊大夫令觥	秉义郎子适	伯山			
		伯爽			
		伯茝	师漳		
			师活		
			师浍		
			师涞		
			师渌		
			师湄	希钰	与樵
				希墍	
			师傭	希锈	
				希铂	
		伯峃	师濮	希锢	与揣
					与坜
					与堣
				希鈵	
		伯寔	师淣	希镳	

	希锏	师洿	
	希铁		
	希镃		
	希鍴		
与詌	希锴	师涘	伯栋
		师泷	
		师[illegible]	
		师渼	
		师湲	伯[illegible]
		师溆	
		师澔	
	希钋		
	希鎌		
	希镳	师渌	
	希锲		
	希锥		
	希锏		

								希谆			希珃	希[illegible]	希镨	希钜		希澜
师澜		师槤			师櫌			师頩	师嶷	师婜	师赏				师枰	师槻
		伯[illegible]	伯[illegible]	伯[illegible]	伯[illegible]	伯企	伯泮	伯谅	柏檀						伯岩	伯椅
	忠训郎	子適			子逖			子逢	子迅							

				希浆	师采				
					师揠				
					师镶	伯偲			
				希琇					
				希珔	师璀				
				希琔	师琄				
				希璚					
				希㻮					
								修武郎令惟	
								忠翊郎令谦	
								右班殿直令俄	东阳侯世穹
								西头供奉官令芑	

高密侯世荣	右班殿直令墉		
	右班殿直令瀛		
	右班殿直令潆		
	右班殿直令矗		
	右侍禁令庑	保义郎子骏	
	右侍禁令迡		
	左班殿直令屼		
	左班殿直令岽	子昁	伯潜
			伯达

宋史卷二二一

表第一二

宗室世系七

			少师荣国公世阐	赠开府仪同三司令话	忠训郎子璋	伯通	师农				
						伯达	师岍				
							师録	希逄	与𨼆	孟伊	
									与淞	孟漹	
									与陶	孟福	
									与立	孟𨼆	
								希遄	与耿		

		与阮	孟霣	
		与修		
		与亿	孟铁	由凌
	希诏	与倢		
师斌	希谭	与涣	孟贤	
		与纮	孟绿	
		与统	孟法	
	希鹗	与纬	孟汨	
			孟钤	
		与升	孟鍯	
		与强	孟偓	
		与雄		
		与炳		
		与大		
师武	希麒	与镂	孟辉	
	希浸			
		与樱		

	孟忱	与动	希⿱山尧	师瑮
	孟怡			
由樸	孟恢			
	孟憓			
	孟憸			
	孟愉	与勔		
	孟悚			
	孟欢			
	孟愡			
	孟⿰忄建			
	孟恺	与劢	希岭	
	孟懫			
	孟恦	与釛		
	孟愕			
	孟悠	与⿱弗力		
	孟愚	与劲	希岑	
	孟恣			

孟拨	孟榛			孟棒	孟桃		孟柼	孟铗								孟恝
	与贤	与历			与浙	与洪		与淲					与劼		与钫	
		希钤	希铢					希锢				希垄	希凿	希嵋		
			师安					师定	师琮	师祈		师会				
									伯琮	伯逵						
										与子倦	左班殿					

					何义郎
				伯汶	子礼
					保义郎
					子傅
					承节郎
					子仔
					秉义郎
孟镭	与珝	希汪	师有	伯顺	子俨
	与肆				
		希泓	师毅		
孟集	与岩	希珵			
孟倸					
	与崑				
	与锜	希谆	师邴	伯川	
	与馆				
孟琣	与镇				
孟璩	与镃				

孟珗																
与镑	与鏻	与璎	与琎	与玶		与壇	与垦		与枓	与栢						
		希𬤊			希构	希梗		希椅	希潍		希㴼			希暤	希晈	希昉
					师右				师琅					师励		
					伯钏							伯显	伯颙	伯叶		

	忠训郎子儒	伯迳	师阂	希浣
	承信郎子儋			
东头供奉官令琥	子备			
	子杰			
	子佩			
	子仪			
右班殿直令溇				
赠武翊大夫令诒	秉义郎子僶			
	子佐	伯濮		
	武翊郎			

	子俭	伯清	师璠	希礽
		伯湍	师瑄	
			师璼	希扶
				希拂
				希攄
	秉义郎			
	子侑	伯澄		
	忠训郎			
	子僖			
	承节郎			
	子傅			
	承信郎			
	子倚			
	子伸			
	子仁			
左侍禁	何义郎			
令隅	子佑	伯言		

						伯珈	师炥	希镞			
							师暠				
							师僭				
							师儇				
					保义郎 子倜						
				修武郎 令鋈	承信郎 子保						
					修武郎 子作	伯逯					
						伯迈					
						伯逊	师可	希畚			
								希谊			
					子倪						
				右侍禁 令垂							
				左班殿							

			直令觊								
			从义郎								
			令漕								
			忠翊郎								
			令由	子条							
				子佑	伯迹						
				子伽	伯迪						
					伯逵						
				子仁							
				子倜							
			从义郎								
			令请	子倪	伯瑢	师谡	希榑				
							希柎	与柢			
							希撰				
							希舍				
							希扳				
							希指				

				希扣	与徲
		伯琭	师谙		
			师诵		
			师诒		
			师訲		
			师𫍲	希诊	
	子伻	伯玩			
敦武郎令邶	子杰				
	子偓	伯玏			
	子革				
秉义郎令憉	子偲	伯程	师镃		
			师墵		
			师增		
忠训郎令峭					

	赠永国公令揎	子彬						
		子春						
		忠训郎子汻						
房陵郡公世重	康州团练使令珹	赠修武郎子彪	伯粹	师眷	希杬			
					希道			
				师艿	希逻			
					希迷	与暲	孟珑	由湝
					希□	与徘		
						与敹		
						与敭		
						与敟		
				师澶	希逪			
					希逭			

			孟玟	孟琭		孟栞	孟稿									
与薿	与蘘		与𬭚		与销	与钘		与钰	与鍪		与矄			与镌		
希遡		希莲	希𩅿			希霔				希靁	希游			希𣦵	希福	希橹
			师文								师古			师浩	师淯	
														伯谂	伯谥	
													赠太傅	子彤		
												赠武翊	大夫令	臣		

左侍禁令莀	成忠郎子铎	伯颢	师昜	希俭		
			师磋	希堡		
				希垦		
				希壅	与沓	
			师徇	希保	与晐	孟淀
					与升	孟孙
					与梔	孟滨
						孟泓
						孟淕
						孟根
			师愠	希份	与各	
					与晢	
			师幌	希系		
		伯显	师刁			
		伯頵				
	子泞					

					子机						
					左修职郎子澜	伯颣					
						伯愿					
					承信郎子煜	伯頍					
					忠训郎子均	伯顉	师肤	希官			
						伯灝					
				赠武翼大夫令悦	秉义郎子参	伯尝	师范	希煠			
								希爕			
						伯贽	师璧	希璛			
							师闷	希图	与悜		
									与惿		
								希圊	与愜		

					希圜	
	修武郎子彭	伯省	师挺			
			师彝	希泮	与熵	
					与焌	
			师阜	希烑	与堨	
			师讦			
		伯璐				
		伯琫	师篗	希嶙	与万	
			师篣			
			师湇	希耕		
				希耘	与耸	
	从义郎令荷					
	修武郎令媛					
东阳侯	右班殿					

			世职	直令滚								
				右班殿								
				直令内								
				敦武郎	赠朝议							
				令玕	大夫子							
					诜	伯达						
						伯逵						
						伯暹	师铦	希洋	与椓			
							师镳					
							师奇	希津				
								希浯				
								希沩				
								希浦				
							师银					
						伯邅						
						伯遴	师刘	希惆				
								希憘				

							师祥				
					赠从义郎子说	伯邈	师曹	希阜	与淦		
								希甸			
								希千	与㳽		
									与湍		
							师厉	希匊			
						伯退	师瞽	希樌	与焽		
							师悰	希佮	与祍		
								希偺	与滴		
									与谔		
								希傆	与祄		
							师昝				
							师砾	希攃			
						伯遏	师楙	希巉			
					承信郎子诺						

右金吾卫大将军世根	太子右内率府副率令琡					
	右班殿直令倧					
	敦武郎令[illegible]					
	武德郎令辞	修武郎子祐	伯迪	师镔	希[illegible]	
					希禄	与洼
						与潏
						与渤
		子裕				
房陵郡公世引	武翼郎令潏	承节郎子璟				
		子[illegible]				

							与复
						希[illegible]	
					师颂	希琠	
			子真	伯贺	师愿		
		修武郎令蓁	子俊				
			子先				
				伯枞	师璐		
				伯集			
					师袭	希应	
					师古		
			承信郎子修	伯琛	师颜		
				伯松			
						希鋾	与请
							与壐
			忠训郎子昉	伯枞	师璐	希镰	与垄

					希桓	与蒉
						与菘
		子思	伯玚	师鳞	希鏆	与丕
						与垩
						与主
				师琍		
			伯琰			
			伯璨			
建国公世䶊	武节郎令炜	武经郎子佃	伯焞	师义	希邗	与逑
						与惎
				师晰	希境	
					希壞	
				师皡	希暨	
					希墣	
				师暲	希墶	
				师昽		

		伯华	师夫	希声	与瑫
	子佺	伯懿	师康	希湛	与眮
					与昉
				希㶲	
				希𤎼	
			师观		
			师廓		
武翼郎令律	承节郎子倞	伯玙	师揖	希晔	
				希舟	
				希豹	与莊
			师韦		
			师擅	希息	与坣
					与鋈
					与竖
				希愍	
				希憲	

			希愚	
		师拱	希悠	与棽
			希慗	与叶
				与葺
				与芠
		师拭	希恧	与莱
				与窠
	伯琴	师拯		
		师捐		
		师括		
		师抦		
成忠郎子侑	伯僎	师费	希汩	
			希迡	
			希遝	与班
				与玜
			希迎	与栖

						与砖	与硝	与碖	与砣							
			希褑		希裱				希褆	希衹		希襟	希裿	希裥	希襀	希禝
师但	师壁	师馥		师迢					师畬	师琟	师璒				师玜	师费
伯扬		伯拙							伯持							

令	子	伯	师	希
			师债	
		伯择	师征	希祯
			师出	
			师俦	
		伯招	师瑃	
			师璲	
			师璎	
			师琜	希襶
			师玞	
			师鑴	
左侍禁	袭封安			
令梲	定郡王			
	子倚	伯湑		
		伯沃	师念	希乾
				希軓
			师忍	希穰
			师憖	

					伯涧						
							秉义郎令坯				
							右班殿直令瑛	广平侯世亲			
							右班殿直令桓				
				师职	伯升	保义郎子式	武功大夫令畯				
			希镁	师䏦							
			希鉱								
			希錍								
			希钆								
			希镫								
			希镑								
				师聆							
				师聘							

与埕			
与陧	希瑎		
	希珠		
与里			
与型			
与尘			
与坒			
与埜	希璌		
与濦			
与灡			
与淜	希璬		
与堇			
与堉	希瑮		
	希璁	师前	
	希𫘬		
	希骝		
	希驭	师虞	伯兢

房国公	右班殿					
						与铧
					希塼	与镤
				师玔	希堙	与铱
					希伺	
					希债	
					希傣	
			伯蛙	师卜	希偫	
				师铋	希琍	
					希启	
					希磬	
				师铅	希璨	
					希瓃	
				师镄	希瑑	
				师巳	希瓃	
				师贽	希珇	
					希愃	

世芃	下令搴				
	修武郎				
	令控				
	左侍禁				
	令簪				
	敦武郎				
	令隈				
	右侍禁				
	令庥				
	秉义郎	从义郎			
	令翃	子联	伯瑳	师铎	
				师铿	
				师钟	希浩
			伯玙		
			伯琅	师訾	
				师占	
		承节郎			

	子原				
	忠训郎子厚	伯缉	师郏	希晚	
				希暖	
				希晲	
武经郎令頎	武经郎子瞢	伯儁			
		伯偷	师道		
			师遹	希睐	
				希曹	
		伯准	师漈	希楠	与絅
					与缠
		伯侣	师侑	希橞	
			师潍		
			师潗		
			师遂	希遞	
	子慈				

赠开府仪同三司子恭	伯达			
	伯週	师注	希檬	与烋
				与潗
				与熈
				与燕
		师结	希楷	
		师迳		
		师讽		
	伯逵			
	伯逋	师诣	希榰	
			希椤	
		师孚	希杵	
成忠郎子宽	伯晓	师闰		
		师如		

							师盖	希韶			
						伯芃					
						伯免					
					子敦						
					子善						
					子厚						
				左侍禁令扐							
				忠训郎令倐							
				从义郎令駬							
				修武郎令崄							
				武翼郎令泮	承节郎子钧	伯秼					
					承节郎						

	子钦	伯赞	师垦	希彶	与璬
			师塾	希御	与献
					与改
		伯穉			
		伯秋	师堪	希缯	
				希缊	
			师逕		
		伯稝			
	保义郎子铎	伯穗	师茔	希徉	与怅
			师墨	希瀣	
		伯稔	师基	希徥	
				希湆	
赠朝散大夫令剖	封安定郡王赠开府仪同三司				

子[illegible]	伯意		
	伯产	师邃	
		师载	希鹿
			希[illegible]
		师[illegible]	希钏
	伯旨	师儗	希塔
	伯[illegible]	师保	
		师伍	
从义郎子靓	伯复	师范	希埙
			希[illegible]
	伯壅	师镝	
		师锤	
		师钘	
承节郎子睍	伯亭	师珢	
		师圣	希鉥

	伯亦		
	伯燮		
	伯庇		
朝奉郎子觋	伯辛	师琈	希铼
			希钱
			希鐁
			希镉
	伯求	师椅	希塩
			希塡
		师櫓	希贾
			希奕
		师瑕	希赏
子凯	伯萃	师橙	
	伯稟		
	伯寞		
	伯膏	师玿	

					师璷		
				伯杓			
				伯玶			
	忠训郎令拓						
	赠开府仪同三司令德	再赠修武郎子缜		伯意			
		训武郎子纬		伯慧	师浮	希停	
						希傻	
						希伷	
						希荷	
					师洋	希值	
		子纯					
		秉义郎子畔					

武翊郎令齐	子珑			
	子球			
成忠郎令行	子安			
	保义郎子宿	伯掴		
武节郎令况	子琥			
	从义郎子瑥			
	子鄢	伯晞	师扎	
			师极	
		伯旺	师扔	
			师溝	希覂
	子玮			
	子琎	伯昭	师潽	

					保义郎子琼	伯畅					
						伯褫	师械	希织	与祈		
								希缙			
							师橪	希濮			
							师梃				
					子玘						
					子珌						
					子珀						
					子珹						
				武翼大夫令崄	子俊						
					左奉议郎子倬	伯淇	师鑽				
						伯注					
						伯汲	师釭				
							师镈	希栳			

					秉义郎子仍	伯池	师鑺				
							师鏔				
						伯沼	师錭	希裮			
					修武郎子休	伯泗					
						伯涣					
						伯湘	师橞	希燐			
							师橚				
							师榞				
							师檦	希燏			
						伯镨	师梅				
				成忠郎令靠							
			平阳侯世资	右班殿直令错							
				右班殿							

				直令黉							
				武经郎 令眷							
				从义郎 令纾	子侁	伯寿	师棋				
							师极				
							师楷	希璮	与晪	孟让	
								希顼	与惎		
									与慝		
								希𤤃			
								希珊			
								希珲	与晡		
								希玵	与𣈶		
								希稛			
							师恪				
							师樟	希璿	与暩		
								希玼	与𦛊		

与滕		与膻														
	希肆	希璠	希铋	希淘												
				师偶												
				伯铤										伯文		伯柔
														子后	从义郎	子选
					武翊郎	令[illegible]	秉义郎	令霈	右班殿	直令撷	右班殿	直令穋	左侍禁	令龠	敦武郎	令澶
											冯翊侯	世劬				

		子仪			
	武翊郎令慎	子聪			
		子俊			
	右侍禁令竿				
济阴侯世造	右班殿直令栾				
	武翊郎令瓀	子蒙			
		子壮			
	武节郎令颏	承节郎子哲	伯炎		
			伯可		
			伯履		
			伯法	师铧	希矑
					希[illegible]

								希昨			
				武翊郎令皱	子垚						
					子磊	伯[illegible]	师瑧				
				右班殿直令涓							
			高密郡公世藩	武翼大夫令珖	再赠武显大夫子奕	伯升	师适	希溓			
								希溉			
							师仆	希舍	与铧		
								希全	与鹏		
								希[illegible]	与[illegible]		
								希侖	与[illegible]		
								希畣	与瓃	孟沩	
							师侊	希[illegible]			
						伯晋	师晨	希鐩	与璮		

孟徻																
与瑧		与芾	与旨	与亹			与涛			与栅						
希镒	希釜	希烨			希爚	希彦	希颜	希棐	希吾	希宸	希阛	希暶	希洺	希淖	希泆	
		师晃				师旻		师昌	师早	师[illegible]			师姜			师羡
										伯寅						

	伯忍	师僎	希邂		
		师追			
		师瓛			
		师遵			
从义郎子奭	伯仁				
	伯杰	师泓	希芑	与遣	孟供
			希苑	与邃	孟客
					孟寔
					孟寀
				与遂	孟党
				与蓬	
				与逄	
	伯俊	师宗	希蕙	与玩	孟赞
			希茎		
			希叔	与珍	孟靖
				与菩	

秉义郎子变				
	伯伦			
				与述
			希洛	与选
		师夷	希芳	与遞
		师负		
			希茵	与鍝
		师乔	希荪	
		师丙	希壐	
		师御		
				与望
				与湢
			希蘅	与溅
				与灌
		师允	希鯌	与涌
				与堳

					子秦	伯洽	师铯	希荛	与暚		
								希莩			
								希滐			
								希蓦			
								希芃			
							师镰				
						伯洽					
					子爽						
				修武郎令型	承节郎子方						
					忠训郎子言	伯源					
					从义郎子立	伯湨	师偍	希昊			
								希溜	与现		
								希焇			
								希费	与恻		

				与僳
		师倘	希轴	
			希𬀩	与倴
			希宪	
			希瞟	
			希瞻	
		师倦		
		师侈		
			希𥟖	
		师佪	希镘	
			希钻	与玐
			希铪	
			希钞	与瑶
	伯𬇹			
	伯涟			
承信郎子京				

			武翊郎令夼	忠训郎子琪	伯友	师综				
						师给				
						师纬	希𢕟	与楏		
							希沛			
				保义郎子乂	伯黻	师缄	希鏊	与笋		
						师绛	希溦			
						师缉	希偒			
			保义郎令減	子济	伯逵					
				子卞						
			保义郎令兖							
永清军节度观察留后清源郡	襄阳侯	沂阳侯	太子右							

公惟和	从海	世远	监门率府率令琛							
			赠冯翊侯令甲	赠左宣奉大夫子枥	伯鼎	师䆅	希升			
						师[illegible]	希宷	与法	孟辩	由镳
										由铨
										由镕
										由录
								与忠	孟懿	
									孟裕	由玥
									孟闳	
								与励		
								与操		
							希[illegible]			
							希振	与焴	孟垲	由锐

					孟垌
				与玗	孟址
				与珩	孟权
					孟垩
					孟坶
					孟埚
				与惪	孟堙
					孟埶
				与蠡	孟墱
				与芫	孟塑
			伯蒙		
			伯谦		
		武经大夫子樸			
富水侯世仪	太子右内率府副率令				

				阀							
				赠右屯卫大将军令晃							
				赠右屯卫大将军令收							
				赠右太中大夫令组	从事郎子权						
					封天水县开国男子厚	伯申					
						伯召	师瀛	希札	与[illegible]		
									与记		
									与witness		
									与𬣞		

		师阮	希楒		
			希概	与爈	
	伯方	师灑	希濮		
			希垺		
	伯尚				
朝奉郎子木	伯野	师张	希雄	与纶	孟琈
			希逌		
赠朝散郎子惠	伯山	师荅			
	伯崧				
	伯巘	师服	希屹	与沶	
				与涔	
				与渝	
			希岩	与缤	
				与练	
		师张			

									与绪		
								希适			
								希逵	与绢		
							师教				
						伯孚	师颖	希采			
								希镁	与珑		
									与泓	孟鼒	
										孟蕡	
								希暾			
								希镂			
					子柄	伯益	师焕	希增	与迈		
								希垶	与遴	孟清	由福
			信王世开	赠少卿简国公令戈	朝议大夫子樗						
						伯夔					
					朝散大夫子棫						

子枥	左班殿直子樟	左班殿直子稷			
嘉州防御使令瓢		宣义郎令儣		太子右内率府副率令铨	太子右内率府
			太子右内率府副率世统	金州观察使世英	
				宣城郡公从审	

			孟豫		孟缶						
			与週	与参	与汜	与迸	与逈				
			希德								
			师帅					师昙			
		伯禄	伯褛						伯禧		伯禔
	三班奉直子约	忠训郎子纯								武节郎子絅	秉义郎子经
副率令冒	赠安康侯令驵										

孟析											
与遰											
希伷	希倠	希傧	希澶	希蓉	希寓	希渌					
师綦			师𪻐	师论	师䜣						
伯褚				伯祥			伯祐				
				宣教郎子纮			左朝奉郎子绳	三班奉职子修	左侍禁子王	左侍禁子语	右侍禁
								赠高密侯令缵			

伯福
伯寿
伯祷

子严
左班殿直子瞻
武翼郎子善
成忠郎子诺
承节郎子正
承节郎子文
子珪

左武卫大将军世坚

			左武卫大钭军世及	赠南康侯令在	左班殿直子高						
					忠翊郎子珍						
			右领军卫大将军世卿								
			安陆侯世肱	赠河内侯令课	三班奉职子琦						
					子沅						
					左侍禁子仁	伯丰					
						伯晋					
						伯贲					
						伯普					
						伯毅	师升				

	与顿	希由	师琜	
		希篗		
	与[illegible]			
	与篴			
	与[illegible]			
	与回			
	与建	希曜		
孟烒	与榎			
孟臥	与蕣			
孟冲				
孟滗				
孟滟	与蕣			
	与玐	希霖	师冯	伯谷
孟诺	与镛	希疆	师参	
			师侯	
			师奇	
			师鲤	

		与钺	
	希宾	与瑓	
		与铪	
		与铦	
		与谈	
	希临		
	希流		
	希缸	与钎	
		与鏫	
师腾	希玦	与鏒	孟僓
			孟发
			孟侒
			孟倛
		与鐄	
	希琤	与鍒	
		与庚	
		与梫	

				孟枥	孟玑	孟鏧	孟漄	孟墜				孟鑐	孟𫓧			
与镬				与职	与驭				与淉	与灉	与垛	与堉		与塎		
	希琗			希倭						希俄	希佰				希憬	希傁
		师骖	师驩	师华											师了	
				伯珏												

				师牧
		与檶		
		与樸		
		与榦		
		与檯		
		与挺	希驰	师商
				师臻
			希惿	
			希憧	
		与灒		
		与溥	希㤞	
		与霳		
		与漫		
		与湟	希慽	
		与杪		
		与遯	希悰	
			希恫	

孟稔	孟忡				孟溓	孟溉							
与湓	与滵				与锞	与佃			与锲	与钒	与锛	与镤	
希佪					希岳	希嵸	希岂	希岕	希嵱			希嵋	希峋
师梓		师机			师铢		师镝		师铭				
伯敨					伯耆								
			赠武义大夫子孚	再赠中大夫子温									

		希靖	
		希⿱山者	与镬
伯耆	师扬	希暹	
		希逭	与玡
			与倸
伯秀			
伯欣	师熿	希嵰	
	师熜	希崀	
		希峣	
	师焞		
	师烶	希峨	
		希⿰山直	
		希⿰山枼	
		希岫	
	师炬	希⿰山几	
		希汓	
伯叟	师垷	希墌	

与⿱宣金 与鏖
希⿰扌廉 希湼 希堲 希圢
师垃
子泽 子偃 子兼 左班殿直子植 忠训郎子松 忠翊郎
太子右内率府副率令缯 赠高密侯令张

					子权	伯忞					
						伯愈	师璿	希沧			
						伯悆	师瑢	希镘	与灛		
									与洮		
								希镡			
							师玑				
							师玺				
				赠感德侯令骎	右班殿直子善						
					右侍禁子羕						
					子华						
					忠翊郎子矣						
					子萃						
				太子右内率府							

	副率令宿					
北海郡公世祎	赠少师令佥	子宰				
		修武郎子革	伯修			
			伯丁			
			伯同			
			伯安			
		三班奉职子莘				
		朝散郎子迪	伯怀	师褎	希叙	
				师镫	希开	
					希芫	
					希榉	与濮
						与濛

				与穗	
			希僐	与淬	
				与潪	
				与潹	
再赠银青光禄大夫子昼	伯兖				
	伯旸	师韩			
	伯昂	师展	希澶	与稊	孟资
				与稜	
			希潚	与稹	孟赞
					孟戴
					孟烝
			希潼	与稘	
				与穠	
			希澬	与稨	

	伯量	师潋	希洄		
			希袷		
			希禘		
			希禖		
子莘					
子问					
子庄					
成忠郎子筒					
保义郎子授					
赠武德郎子中	伯暐				
	伯石	师柳	希泇	与䂮	
		师嚞	希怫	与膳	孟淯
	伯杲	师奂	希余		
			希定		

		希泊	希波	希漻						
师斐	师斐	师党								
伯璪						伯曖				
					成忠郎子郁	秉义郎子邻	保义郎子重	西头供奉官子琉	秉义郎子苑	武经郎
								赠右屯卫大将军令毎		

					子尺	伯垔	师项				
						伯显	师厘				
							师缨	希韬	与秕		
									与稞		
								希真	与诉		
							师仲				
							师绅	希僫	与埼		
								希徽	与磏		
									与磁		
							师[illegible]	希鍯	与光		
									与沓		
								希銄	与神		
									与櫨		
								希铻			
								希镏	与栔		
									与禁		
						伯灏					

		伯颖			
	成忠郎子俊	伯勇			
		伯芷	师霳	希柄	
				希瑾	
			师霙	希楠	
				希棫	
				希桐	与沁
			师訔	希傻	
				希滨	与玸
					与淍
				希滜	
	保义郎				
	子奉				
	子劣				
	子厚				
内殿承	从义郎				

				制令诇	子振	伯俊					
						伯修					
					承信郎子持	伯荣					
						伯明	师遵				
							师迎				
							师迹				
					子璋						
					子瑛						
				西头供奉官令历							
				左侍禁令沧	承信郎子枢	伯儆	师逊	希禔	与𫍷		
									与谛	孟玛	
									与诱	孟䡨	
							师迷				

子	伯	师	希	与	孟
		师逡	希禧		
		师回	希祓		
		师遵			
	伯侁	师迟	希沛	与谐	
	伯充	师但			
		师迈	希灒		
承信郎子楹	伯元	师适	希裪	与谊	孟瓔
				与谏	
			希[illegible]	与玽	
				与珿	
秉义郎子柄	伯坦	师灊	希讲		
			希莘		
			希重		
	伯瑭	师星	希焃		
			希炌	与壏	

	赠开府仪同三司子栋	伯奇			
		伯模	师俘		
			师佼		
		伯哥			
		伯公	师法	希拜	与楠
				希璾	与椹
				希珉	
				希销	
			师漄	希瓗	
				希玛	
				希璥	
			师浦	希璙	
				希郊	
			师潼		
武德郎					

	令[illegible]	子靓					
		子观					
	令㦤						
冯翊侯世谡	冯翊侯令谡	忠训郎子忞	伯达				
			伯迁	师莅	希烨	与塈	孟镀
							孟穪
					希逌		
					希熺	与塙	孟鑺
					希熣	与塴	
					希烁	与潩	
				师藻			
				师整			
右屯卫大将军世仍	太子右内率府副率令梲						

左班殿直子俶

赠博平侯令调

东头供奉官令檄

宋史卷二二二

表第一三

宗室世系八

秦王房

赠太师、中书令兼尚书令、秦王德芳	保静军观察使留后、高平郡王惟叙	建州观察使从溥	润国公世尧	太子右内率府副率令凑 太子右监门率							

令	子	伯	师	希	与	孟
府率令瞻						
赠高密侯令昳	忠训郎子昌	伯狩	师睽	希俌		
				希倜		
				希傚		
				希倢	与穎	
					与富	孟[illegible]
				希俅	与赀	
					与桪	孟㟚
						孟峣
						孟崵
				希友		
				希伯	与塑	
					与墅	
			师挨	希峻		
			师巽	希楷	与保	

			师憙	
			师瑱	伯乂
				伯交
	与侧			
	与佯	希椐		
		希植		
		希桧		
		希季		
	与傯			
	与致	希瓒		
孟玿	与倧			
	与伉			
	与什	希栩		
	与伲			
	与偘			
	与似			
孟茉	与俩			

						伯文					
					再赠通议大夫子乙	伯存	师丑	希开	与堪		
									与墿		
									与垠		
									与坰		
								希亢			
								希瞿	与壎	孟铍	
										孟镄	
										孟铼	
									与珶		
									与玜		
									与珄		
							师虒	希庞	与瞻	孟璪	
								希矶			
						伯灵	师后				

伯悬	师由	希澹	与扶	孟燐
				孟[illegible]
			与栾	
	师芸			
	师甫	希溆	与坊	
			与橘	
			与樍	
			与梭	
伯笙	师程	希慊	与俐	
			与垓	孟檢
		希迺	与埴	孟鋈
			与坑	孟玐
			与埈	
		希岱		
		希萧	与摘	孟信
				孟俪
			与坟	

		与棨	与珞									
希辅	希赣	希滹	希潏								希玭	希琫
师扎										师佗	师仟	
伯达								伯绛	伯维	伯弟		
				子景	子旦	保义郎子忠		承信郎子褒		从义郎子亨		
						修武郎令仑	敦武郎令璁	武功大夫令雯				

				希瑇
			师什	希𤩰
			师傍	希琕
				希瑒
				希瑞
				希鈶
		伯薇	师傩	希𨑨
				希蘧
		伯莘	师例	希镙
			师仿	希锡
			师倌	
	承信郎子奕			
左班殿直令干				
右班殿直令绪				

齐国公从贶	惠国公世逸	太子右内率府副率令祉					
		太子右内率府副率令惼					
		赠广平侯令攀	修武郎子蒉	伯升	师曦	希倢	与伥
						希宵	与伎
							与偶
						希侏	与潩
							与汭
					师晗	希琲	与碏
						希畛	
					师强		

	左侍禁						
	子宏	伯亮	师鞩	希邴			
赠高密	修武郎						
侯令息	子宥	伯绶	师琢	希仍			
				希偭			
		伯齐	师支	希待	与傃		
	再赠武						
	经大夫						
	子定	伯珪	师葳	希爟	与评	孟达	
						孟逯	
						孟艻	由瞟
					与沂	孟迫	
					与谊		
					与诠		
			师藏				
		伯璋	师温				
		伯琦	师率	希亦			

							由詻	由诩	由訬	由讙	由䜣					
孟邻	孟祁	孟鄑	孟濩	孟榹	孟椐					孟邀	孟迎			孟章		
		与澄	与赟		与发	与隽					与罾	与恭		与云	与充	
		希仟										希伃	希市		希京	希衣
												师柄				
												伯琳				

			与洽		
		希令	与訔	孟迡	由僦
					由仲
				孟造	由诠
				孟遂	由溁
			与仲	孟逝	
			与卓	孟達	由寿
				孟迈	
			与觥	孟迆	
				孟辻	
				孟遞	
		希儌			
		希侅			
伯珹	师及	希迅			
		希沃	与撢	孟鍪	
				孟鋈	
			与援	孟鎏	

	与[illegible]			
孟机	与讥			
	与辰	希袲	师遵	伯琥
	与[illegible]			
	与烒			
	与烳			
	与熛	希檃	师燕	
		希璎	师朋	
	与臆			
孟涧				
孟锇				
孟釪	与腆			
	与腾	希秋		
	与协			
	与起			
	与终	希粲	师捷	
		希侨		

孟⿱雨⿱亚皿			
孟⿱雨黄	与棏		
孟濶			
孟⿰氵⿱冖弘			
孟涇			
孟激	与槲		
孟泮			
孟汲			
孟澋	与罜	希译	
		希複	师蒉
	与傛		
	与⿰亻步		
孟⿱代心	与倰		
孟时	与善	希谅	师务
		希豫	
孟⿰钅卒	与澜	希表	
	与谝		

		孟樹	孟栩	孟琝	孟琭	孟琠	孟㻩		孟柏	孟栟	孟偃					
	与遝	与迧		与凝		与洐		与清	与浤		与潜	与泠	与滌	与汾	与沦	与濯
	希采			希櫰					希𬳿							
师薿	师蕴								师沅							

													伯琏			
师吝													师艾			
					希皆	希昱							希晋	希骃		
	与诊				与辩		与玕	与虓	与虤		与羿		与艺	与瑨	与澍	与洮	与濲
		孟睐	孟埛	孟撵	孟昞				孟熑	孟协	孟悦					

希晟	希昙															
师蹇	师卢	师优													师仲	师冉
伯玒		伯琇						伯逢		伯嵇	伯岩	伯崇	伯昱	伯蒿	伯彦	
				从义郎子宣				秉义郎子宇		忠训郎子宗					子宜	
								太子右内率府副率令伍								

							师舜	
			赠博平侯令珂	从义郎子无	伯涛		师真	
					伯仍		师釭	希璞
								希玗
				承节郎子宽				
				子宴	伯伋			
					伯仁			
				子宝				
				子荞	伯禧			
					伯祺			
					伯袖			
			赠左领军卫将军令蕙	忠翊郎子宰	伯仁			
					伯仪		师琇	希锟

						孟侁	孟徎	孟塘	孟得		孟行					
	与琉	与珅	与玎			与才		与祉		与禔	与祓	与禃	与祤	与祠		
	希锝		希通			希禹							希缮			
	师鼐			师养	师逸	师谭									师孔	
伯晖	伯领				伯旦	伯智									伯会	伯礼
						子家										

	秉义郎子正						
武节郎令豫	子玥	伯圭					
	承信郎子珂						
	保义郎子宜	伯禖					
		伯璨					
		伯球					
	子肤	伯焘	师诰	希彭			
				希良			
				希雍	与治		
					与褭		
					与佳		
				希庠	与侗	孟济	
						孟洙	

					与俛	孟湑	由枽
						孟滓	
					与仿	孟涔	由錴
						孟潚	
						孟湛	
						孟濑	
				希商	与偰	孟洙	
					与倜		
			师讷	希璘	与枢	孟淮	
				希琸	与芀		
					与峉		
			师诧				
	子崇						
赠武节大夫令玥	忠翊郎子瓅	伯渊					
		伯浩					

					伯彦	
				子璨		
				子琮		
				武节郎子瑀	伯濬	
					伯亼	师恭
				子璟		
			左班殿直令焕			
			右班殿直令辛			
昭信军节度使兼侍中、英国公惟宪	金州观察使从郁	南康侯世奕	太子右内率府副率令恢			
			太子右			

内率府副率令谞							
赠黔中郡公令禴	赠庆远军节度使子西	伯立	师孟				
			师杨				
			师荀				
			师庄				
			师颜				
		伯才					
		伯正					
		伯直	师蠡	希涑	与瑼	孟镰	
						孟钚	
					与玿	孟樠	由价
				希仪	与珍	孟𣲙	
				希准	与瑆	孟锪	

					孟铣	
					孟镙	
		师成				
		师孝				
	伯国					
	伯兴					
西头供奉官子晋						
武经郎子噩	伯通					
	伯达					
	伯逵	师嵘	希澈	与说	孟培	由铣
		师栗				由镃
		师勃	希骥			
			希圣			
			希需			

	与讱		
	与诵	希晨	师融
孟坜	与话		
孟堑	与诿		
	与譒		
	与滤	希锿	师萧
	与课		
	与谟		
	与諰		
	与谦	希冲	师范
	与谰		
	与迈		
	与譔	希柬	师莘
	与訠		
	与謕		
	与讻		
	与谇	希瀼	

				与谞		
				与讪		
	伯适					
从义郎子亚	伯蕴	师禨	希瞻			
		师褚	希欧	与俌		
				与倘		
赠承事郎子霖	伯华					
	伯庆					
	伯庄	师孟	希凭	与丞	孟璒	
				与至	孟涌	
					孟流	
					孟淜	
				与圭	孟沟	
					孟涟	
					孟洸	由钥

由鏓	由钇															
		孟瀓	孟冲	孟浦	孟珠	孟琋	孟玟	孟璓	孟瑧					孟阡	孟阧	
				与壹	与全			与丙		与勤	与勛	与仿		与位		与翛
										希恧			希泽	希渊		
													师敩			
													伯茂			

			与偕	孟遒	
伯英	师荀	希申	与泰		
		希宰	与瀟		
			与溥	孟铨	
				孟镖	
			与瀹		
		希牟	与依	孟澴	
				孟潍	
		希丰			
		希耸			
	师楷	希向	与仿	孟遒	由沃
					由湸
			与倗	孟达	由渝
					迪菡
			与伟		
			与僁		
	师曈	希亶	与砢	孟還	

											孟逖	
										与允	孟玘	
											孟佻	
											孟弼	
				赠右领军卫将军令訚								
			太子右司御率府率世褒									
			华阴侯世将	赠顺国公谥良恪令璀	秉节郎子涌	伯仔	师良					
						伯伸	师巩	希订				
					承议郎子渲	伯仁						

					累赠正奉大夫子洤	伯伏	师枫	希峕	与逡	孟鏖	
									与逍		
									与選	孟铤	
								希春			
								希箸			
							师旺				
							师房	希宓	与𬣳		
								希超			
								希晋	与骅		
								希鍼	与膧	孟鍑	
									与琇		
									与胙		
								希舜	与许		
						伯儒	师祺	希赵	与则	孟渫	
								希足	与赏	孟焘	

			与贺
			与赍
		希越	
		希楚	
伯伊	师邦	希博	
		希茂	与邀
			与茾
		希鐩	
		希晥	与杼
			与桻
		希铧	
		希镛	
		希迬	与椸
			与晙
	师要	希齐	
		希赛	
		希窣	

伯游	师稹	希竑	与迣		
伯侯					
		希倮	与樹	孟煊	由佁
		希忯			
		希瀹			
			与棣		
				孟坾	
			与檕	孟桶	
	师翊	希担	与杰	孟埒	
		希导			
		希昂	与慸		
		希鼎			
伯备	师阳	希宪			
		希彝			
		希悊			
		希鍼	与䁓		
		希愙	与昭		

与標				
	希⿺辶登			
		师科		
		师榆	伯保	
	希竚	师榜		
与庙	希竢			
		师屼		
		师裴	伯侔	
与洓	希悏	师谊		
与潦				
	希悜	师黾		
	希⿰忄丐			
		师旦	伯佐	武翊郎子浩
		师古	伯倜	
			伯信	
与鑫	希垟	师曜	伯伋	

	与但	希埋			
					改赠奉直大夫
孟得	与爽	希横	师训	伯仪	子荣
孟瀧					
孟溁					
	与夯				
	与枝	希观	师谳		
孟给	与祺				
孟櫘					
孟干	与禛				
孟樋					
孟梓	与璲				
	与禑				
	与禯	希杭			
孟棹	与浦	希䜣	师证		
	与湉				

孟穗	与衜	希玩		
		希冕		
	与古	希老	师谅	伯阡
		希塘		
	与禘	希琣		
孟嶒	与裍	希玏		
		希琕	师谍	
		希钥		
	与礿	希铬	师详	
		希钓	师诠	伯俯
				伯傃
	与祰			
孟激	与裔			
	与特	希尧		
孟璐	与机	希靓	师谒	
孟櫂	与漽	希珞		
		希谿		

	秉义郎子燊			
	从义郎子[illegible]			
	忠翊郎子莹			
赠冯翊侯令声	三班借职子昌			
赠开府仪同三司令庇	武经郎子辨	伯成		
		伯稹		
		伯份	师钧	
			师锴	希赞
			师铈	希羽
				希廷
		伯璆		

左班殿直子衍	伯昌	师颜	希径	
		师孟		
		师文		
		师雄		
	伯展			
	伯备			
	伯仁			
右侍禁子冲				
武节郎子衎	伯益			
	伯悬	师竑		
		师琱	希钺	与吕
武翊郎子术	伯药	师经	希龙	
			希全	

孟颙	孟颉	孟顺		孟颜				孟濮								
与慽		与嶀		与沖	与𤨵	与镆	与金	与鏓	与铢	与釭	与鑳	与鋻	与孜	与敞		
希昙			希翰	希斗	希楠	希范							希芮		希融	
						师皓										师泽

令	子	伯	师	希	与	孟
		伯昱	师旷	希昱		
				希和	与⿰亻隶	
				希濨		
				希逮	与傥	
赠清源侯令格	武翊郎子潇	伯修	师旦			
			师诵	希绰		
				希名		
				希巡		
				希爰	与略	
					与睄	
					与眭	
			师请			
		伯价	师评	希简		
				希雅	与柏	
					与衮	孟洪
					与镤	孟江

			希廉	与托	孟䄍
				与愉	
				与兖	
				与谊	
			希德	与烁	
				与鏊	
	伯伦	师磻	希缙		
			希愕		
		师覃	希缨		
		师稷			
		师陈			
		师昉	希注		
		师秘	希倴		
从义郎子婂	伯宝				
	伯营	师霓	希郝		
		师霦	希霙		

			与榕		与法	与𤫊	与玩	与桴	与棉	与杆	与杝	与柞	与超			与衢
			希瑜	希瑫	希珼		希琨					希莆	希来		希袾	希霄
师卦		师菘			师钢								师干		师锬	
伯牙	伯贤												伯稷	伯贤		

	三班借职子⿰石肃					
	子绣					
赠太师、成国公令诠	追封秀王、谥安僖子偁	伯圭	师夔	希栞		
				希卬		
				希翱	与慈	
					与恝	
					与点	
			师揆			
			师垂	希戬	与訔	孟頔
						孟颁
						孟硕
						孟颂
						孟頖
						孟颢

孟𫖯	孟吁	孟颙	孟愿	孟伅	孟璞											
				与文	与褍	与弻			与𢐑	与骏		与裴	与柟	与晌		
				希古	希闵	希沵	希𬤊	希谂	希诼		希憕	希怟	希特		希德	希悳
						师禹					师皋		师嵒			

							师弥	希徽			
								希微			
							师贡	希赞	与贺		
									与贯		
									与贲		
			太子右内率府副率世秩								
			冯翊侯世觌	赠博平侯令珊							
				右班殿直令淮							
			广平侯世芬	开国公令稷	成忠郎子忞						
					训武郎子浑	伯倪	师邈	希芮	与哗		

						孟⿰日慧					孟泄					
	与通	与岩	与谕	与⿰土朔	与⿰讠求	与檩					与坠			与濬		
	希容		希客		希蹇				希谓		希谌	希谫	希晏	希翿	希⿰巾介	希感
师洛	师道		师迁		师近		师灘	师減	师⿰氵萱	师洤	师淏		师胃			
	伯杰						伯傶						伯仪			

							师謩	希星	与瑁			
								希曼				
						伯像	师埙					
							师通	希郕				
					子确							
					训武郎子浑							
		荣王从式	汉东侯世谟	赠冯翊侯令硗	三班奉职子杰							
					三班奉职子游							
					左班殿直子祥							
				赠屯卫大将军令驹	武翊郎子恂							
			谯国公	太子右								

世采	内率府副率令棿					
	赠襄阳侯令祁	三班借职子礼				
		左侍禁子珪	伯荣	师谯	希惠	
				师椿	希云	与师
					希选	
		修武郎子珊	伯定			
			伯宁			
		武德郎子琥	伯禄	师潮	希蘽	与𬊤
						与蒉
				师湄	希栶	与爥
						与烸

				希楱		
		伯稞	师仟			
			师佐			
太子右内率府副率令璠						
赠少卿行都郡公令袪	从义郎子先	伯伸	师闾	希广		
				希傪	与璥	孟適
						孟遶
						孟鐽
					与琄	
					与瑱	
		伯俊				
		伯俅	师言	希项		

		希顿			
		希椟	师环		
		希根			
		希桔			
				伯佺	
					左侍禁子思
					从义郎子禾
	与洵	希逵	师谟	伯杰	
孟瑰	与固	希通			
孟陵	与汝	希达	师辉		
孟炽	与澜				
	与恢	希譓			
		希诤			
	与镒	希噩			
孟槢	与镐	希咏			
孟佺					

										孟祆	
					忠训郎子生	伯伋	师哲	希缜	与[illegible]	孟佇	由浩
									与迈		
								希纯	与递	孟潘	
								希绰	与[illegible]	孟[illegible]	由[illegible]
											由斌
										孟宷	
								希缋	与遳	孟银	由庲
											由珷
									与逌	孟镉	由[illegible]
										孟[illegible]	
							师窦	希阔			
								希严			
								希郁			
						伯俦					
						伯俏	师韩				

		师石				
		师召				
		师启	希揄			
			希揀	与淯		
		师唯				
		师嗃	希抚			
			希提			
			希捀	与逵		
	伯侑					
	伯伦					
从郎义子告	伯倫	师灏	希琛	与恁	孟蓪	由禌
					孟逮	由祙
					孟迶	
				与憓	孟侪	
					孟偳	
					孟傺	

由璡	孟遒	与蕙	
		与忘	
		与意	
	孟[辶立]		
	孟[辶壬]		
	孟[辶侖]		
	孟迴		
	孟迅		
	孟[辶雚]	与恩	希逵
	孟瓙		
	孟𪻐	与綡	
		与纪	
		与缨	
		与维	希铜
		与烶	
		与熅	希璞
		与暄	希玻

						由珏
					孟迨	由玠
					孟[illegible]	
					孟遭	
从义郎子彬	伯祉					
	伯仪	师赐	希邓			
			希郑	与陈	孟钖	
子传	伯偁	师烯	希墬	与锾	孟垐	
				与遒	孟瑱	
					孟瑅	
				与铈		
				与镨	孟璥	
				与铤		
				与镶		
			希德	与鉒	孟琳	
			希锴	与河	孟铭	

						孟鞲
					与淌	孟鏆
					与沇	
				希渊	与鈂	
				希有	与道	孟𥞵
					与鍑	
					与鍝	
	子瑑					
赠东平侯令昼	修武郎子行	伯棐	师均	希谅	与钫	
					与鋾	
			师睦	希𪻐		
				希琥	与𫍟	孟儌
				希琬	与𬣡	
				希琚	与诘	孟侎
						孟俥
						孟镗

						孟溰	孟潰									
与蕊	与枦	与檏	与栟	与杋	与栶		与栐	与藟		与请	与沵	与詍	与謟			与谓
希戒							希迥	希度	希戚	希璃			希玗	希珝	希琅	
									师僴							
									伯槃							

														孟弻		
		与镨	与铏	与镐	与镳	与铂	与玷	与瑛				与珋	与玥	与玒	与璥	
	希淯					希昜		希畀	希杲	希缳	希缫	希缜		希砾	希熶	希玥
	师觉								师侔			师盛			师孟	
												伯篥				
赠武显																

郎子徊	伯无	师古	希甘	与彦	孟漱	
				与从		
				与哲	孟浹	由衡
					孟滮	
			希恭	与礼		
				与韶	孟代	
					孟倏	
					孟徍	
				与瑨	孟复	
					孟徽	
				与琡	孟玥	由似
				与瑧		
				与堞	孟镦	
					孟馒	
				与溪	孟糠	
					孟穗	
					孟秅	

	孟稷					
		与璭				
		与綷	希逡	师郁		
		与缮				
		与致				
	孟柖	与液	希边			
	孟柗					
		与总				
			希迵			
	孟钒	与逮	希逎	师邳		
		与篴				
			希免			
			希谪			
						秉义郎
					伯澡	子徽
					伯枽	
					伯棠	

	修武郎子侈	伯棸	师敏	希稼		
			师澈			
			师致			
			师思			
赠冯翊侯令⿱乍土	右班殿直子愿					
	从义郎子愁	伯珍	师滁	希连		
				希迷	与埙	孟⿰土聿
					与俪	孟傀
		伯珝	师道			
			师畴	希能		
				希傈	与淉	
					与激	
		伯琭				
		伯珎				

	保义郎子意					
	从义郎子憩					
赠东莱侯令璋	三班奉职子元					
	忠训郎子京	伯玕				
		伯湃	师郯	希掠		
			师诜	希淯	与㭎	
					与毗	孟琎
					与畯	孟皖
				希滂	与畋	
				希勃		
				希澌	与耕	孟野
			师诵			
			师诂	希况		

	孟濾	与檽	希宬	
	孟泭			
		与钇	希宙	
		与锌		
		与镄		
		与柠	希晤	师崿
		与胜	希骏	
		与濑	希倓	
			希崠	
				师诩
			希镳	师托
		与徕	希错	
		与一	希璠	师籍
		与杲		
		与果		
		与棨	希琎	
		与桌		

									与浦	与枭	与蘗	与橺	与校		与桄	与檞
								希钟	希锘		希玜		希鋈	希玑		
					师信				师峣							
			伯贋	伯覞	伯明		伯朋									
子襄	保义郎	子整			子卞	忠翊郎										

						左侍禁	右侍禁					
						子衎	令瑑					
						保义郎						
						子正						
						从义郎	内殿承					
		与弃	希泰	师仝	伯熙	子庚	制令憓					
		与栥										
		与柴										
				师和								
			希泳	师松								
				师贯								
						忠翊郎						
					伯[illegible]	子辛						
					伯仪							
					伯仪							
				师侣	伯诺	子挺						
				师寓								

						伯谋	师宥	希恁			
								希滋			
								希濼			
					子应	伯舜	师隽	希鄑	与宧		
									与宁	孟钌	
									与宿	孟锟	
								希鄗	与宴		
								希邸			
							师顗	希鉓	与獲		
									与瑕		
									与玔		
								希錸	与烊		
									与琣		
								希钎	与珊		
									与玡		
									与勒		
								希鏘	与弦		

与锹	与镳									与畀	与眯	与晦			与宁	与宴
	希绎		希錀		希锊	希锟		希钣	希铈			希铤	希铼	希锏		
	师俐	师葳	师襄	师宷		师室										
	伯穆					伯律	伯先									

							师傧	希箕	与苯		
									与萘		
								希籈			
								希筦			
							师俪	希㻂			
								希珜			
								希沖	与祛		
									与褠		
									与复		
							师俸	希诞	与官		
									与甯		
							师偬				
							师储				
						伯南	师俛	希逄	与添		
								希会	与汴		
									与籤		
									与漉		

													孟寰	孟宾	孟寯	孟实
与微			与洟	与溏	与湔								与训	与䜍		与詥
	希篴	希邅	希莲										希珑			
												师度	师萃			
											伯安	伯迢				
										承信郎	子游					
						左班殿	直令駊	左班殿	直令腾	武翊郎	令鲧					

	师蕊	希但	与钕
			与槵
		希腴	与樘
			与洁
		希伈	与波
	师慕	希僡	与珽
	师忎		
伯迴	师懋		
	师恺		
	师摅		
	师炟		
		希瑆	
	师升	希琅	与诛
			与许
			与谆
			与诎
		希瓙	与谮

与转						
		师毖				
	希朊	师忥				
	希泟					
	希橙					
	希潽					
				子涣		
					武翊郎	
					令痟	
					敦武郎	
					令劉	
					武翊郎	
					令稻	
				从义郎	赠惠国	楚国公
			伯瓌	子烟	公令勔	世恩
		师建	伯琳			
				追封秦		

			师怡	伯牧	子裣
					修武郎
					子祐
				伯澄	子祗
					防御使
					赠博州
					子详
	与徛				
孟僖	与钫	希铂	师该		
		希骀			
孟榱	与䜋				
孟福	与沭	希驯	师忞		
			师胜	伯源	
			师禔	伯琬	子机
					右侍禁
					梩
					国公子

		师悾	希珽	与财	
				与⿰贝寺	
				与⿰贝圭	
				与⿰贝元	
秉节郎子禧	伯瑞	师诏	希攸	与楠	
				与植	
				与桐	
		师嵓	希耕	与迈	孟浓
					孟浒
				与遒	孟⿱水言
				与迁	
				与巡	
				与诺	
				与透	
				与邅	
			希辑		

							师谨	希瑫	与傪		
								希玳	与堇		
								希琈			
								希轨			
								希翚			
					从义郎子祺	伯琛	师便	希喜	与洤	孟僧	
								希视			
								崇倚			
								希绛	与琄		
							师甄	希履	与儆		
									与代	孟急	
									与侩		
							师遨	希訾	与遁	孟锡	
									与见		
								希矗	与址		
									与洇		

与镛		与潓	与沥													
	希謦	希瑥		希钰	希资	希顾	希僓	希⿰贝卜	希贮							
		师旋			师役			师衎		师徐	师尽	师衙				
					伯荚						伯裳					
													子振	保义郎	子裯	
																东头供

奉官令璨	赠武翊郎子奎	伯椣	师民		
	从义郎子圭				
	从事郎子桂				
武经郎令勸	承节郎子琰				
武翊郎令觌	秉节郎子臻	伯一	师荣		
			师谐	希姻	与𬭊
					与镰
				希妍	与钤
					与钨
					与铺
				希妫	
				希嫿	

	与訜	与诪	与镳		与镤	与僚										
希婠	希[illegible]		希漌	希洔	希渫	希溥	希洁	希濈								
	师诗		师謜							师槚	师庚					
									伯谆	伯珽	伯盛				伯方	
												成忠郎	子[illegible]	忠翊郎	子琬	
																右班殿

				直令庴	子禄						
				武翊郎令珸	子机						
				右侍禁令剔							
		遂宁侯从湜	太子右内率府副率世文								
			太子右内率府副率世觉								
			崇国公世瓌	右侍禁令罙							
				右侍禁令杓	秉义郎子撞	伯仲	师长	希点	与佪		

孟塼						孟在	孟有			孟銮	孟鼙	孟垒	孟坐	孟墪	孟垤	
与辂		与恰	与挂	与筑			与歆		与伍	与侣				与倎	与傣	与像
希几	希鑋						希音		希诠						希见	
							师永									
							伯俊	伯强								
							秉义郎子璪									

									与羲	孟悌	
										孟恬	
										孟愲	
				忠翊郎令谛	成忠郎子霄						
					保义郎子寓	伯[土仓]					
					忠翊郎子窑	伯侜	师齐				
			右屯卫大将军世契	右监门卫大将军令振	三班借职子旻						
					成忠郎子毅						
					保义郎						
		燕国公从贲	太子右内率府								

副率世求						
太子右内率府副率世耆						
汉东侯世识	武节郎令逸	忠翊郎子寿				
		成忠郎子铸	伯祐	师和	希懔	
					希愰	与偞
					希憋	与采
					希忆	与滕
				师穆	希惜	
					希恮	与搽
			伯礼	师颜	希旌	
					希旗	

				希杭	
	子石	伯璋			
		伯琮			
		伯居	师刚		
			师大		
		伯琦			
	子焘				
	修武郎子琇	伯珪			
		伯瓅			
		伯⿰王并			
		伯瓃			
		伯珦			
	子祷				
从义郎令沣	子俊	伯禄	师主	希极	与玓
					与瑛

	孟鐟		孟瞬														
与湑	与沩	与浙	与淯		与溹			与磃									
			希棆		希桪			希榴	希楮	希楄	希棍	希校	希栟	希椆	希樹	希榎	
			师琠		师琪	师琢											
			伯禖	伯祲		伯礿	伯福										

		与渔
		与漻
师玘	希樟	与汧
师玖		
师瑁	希柜	与丽
		与遴
	希橙	与炅
		与焘
	希櫂	
	希杙	与炼
		与烓
	希栏	
师珪	希櫰	与爁
	希根	
	希桷	
	希橘	
师玢	希锖	与漏

									与洼		
									与湏		
								希钺			
							师珹	希科	与迦		
								希樵	与莲		
							师璛				
							师瑱				
					忠翊郎子保	伯禔	师骞				
				右朝请大夫令蔵	累赠通议大夫子鼎	伯⿱山心	师⿱比心	希唯			
								希噰			
							师峤	希弇			
								希巽	与和		
									与植	孟榛	
										孟桥	

	希泉			
	希扂			
师鏊	希顗	与镈		
	希喆	与铏	孟溢	
			孟澌	
	希吕			
师嵒	希彧			
师峃	希嘌	与珉		
		与[illegible]		
		与珦		
	希呐			
	希呻			
师[illegible]	希噂			
	希[illegible]			
	希汻			
	希溇	与[illegible]		
师岩				

						与圬										
		希收	希机		希柴	希檃	希檿	希棨	希檬							
师芥	师稽	师邑	师岑	师崟	师普	师仑								师壤		
	伯抃			伯樑								伯芾	伯艾	伯芊		
											秉节郎	子元			子文	赠武功
										赠武略	大夫令	敕				

					郎子立	伯芜	师需	希瓛	与渔	
							师佰	希璡		
								希㻆		
								希瓘		
						伯蔚	师退			
							师馨	希镰	与祠	
							师才			
						伯荀				
						伯愿	师勉	希琕		
							师勅	希憝		
								希峻		
								希峼		
					子充					
					忠翊郎					
					子彦	伯荚	师玐	希钜		
						伯华	师𤤃	希镔		
							师𡒊	希镉		

宋史卷二二三

表第一四

宗室世系九

	集庆军节度观察留后、南康郡公惟能	保静军节度使、同中书门下平章事、遂宁郡王从古	右领军卫将军世迈	太子右监门率府率令昶赠信都								

	郡公令	训武郎				
	谖	子仪	伯卿	师仲		
			伯彦	师冉	希朴	
			伯和	师舜		
		右侍禁				
		子僎	伯祥	师儀		
		子修				
		修武郎				
		子俅	伯郁	师雄	希沮	与钻
华阴侯	赠右武					
世俦	卫大将	修武郎				
	军令骀	子惇				
	武经郎	保义郎				
	令郾	子攸				
奉化侯	赠武功					
世瑞	大夫令	成忠郎				
	桧	子忠				

修武郎子寔	伯度	师文	希槐	与葚	孟涛
			希筬	与稑	
				与稠	
				与佽	
				与鄞	孟悬
				与郤	孟㥷
					孟熹
		师众			
		师猷			
	伯廘	师愉	希铋		
加赠昌州防御使子舒	伯广	师敫	希棻	与浰	孟森
				与塼	
			希旦	与傒	
				与岷	

			希㭎		
		师再	希棓		
			希遯		
	伯鄎	师辛	希炯		
			希籀	与洁	
	伯扃	师冏			
		师澥	希积		
			希栟		
			希楣		
			希杆		
忠训郎子寘	伯康				
	伯庸	师躡			
		师琙	希轮	与仍	孟□
				与儆	
				与俛	
				与伪	

	与佬	与佳	与伵	与僬			与意				与陛	与隚	与阡	与坠		
希镭	希鍱		希辁				希得		希淳	希衎	希标			希作		
						师正	师全	师迣	师荣	师棣	师礼					师好
						伯庚				伯汪						伯廉
					武经郎	子寮									秉义郎	子宏

						伯麻	师意	希渊	与沃	孟延		
									与种			
								希宧	与壖	孟燫		
							师璋	希滐	与衔			
									与祥			
								希溥	与仪			
							师球	希汘				
						伯庲						
				武翊郎令庶	承信郎子愈							
					武翊郎子舒							
					承节郎子察							
				敦武郎令[illegible]	子惠							
					子俊							

		从义郎子修	伯峰	师玕		
			伯袤	师傅	希锬	与洣
						与滠
		承信郎子俅				
	武节大夫令辁	从义郎子宜	伯墽			
		成忠郎子密				
		训武郎子宴	伯溶	师遊		
平阳侯世法	右班殿直令熏					
	中大夫令昷	迪功郎子绘				

	承信郎子纶				
	忠信郎子黻				
	秉义郎子纲	伯容			
武功大夫令迁	赠奉直大夫子忱	伯瑄	师⿲辛羊辛	希雷	
				希⿱雨逢	
			师实	希辉	
				希涂	
			师显	希相	
				希梢	
				希椇	
		伯琮	师昂	希膺	与潾
		伯璝	师髐	希玫	与⿱艹嘉

与薡	与⿰禾留	与耩					与蒲									
	希苔			希芝	希昡	希谍	希柭									
				师倓	师镃		师珽		师神	师埴	师⿰钅秦	师圆	师囿			师⿰紫儿
				伯⿰米军				伯戣	伯珝			伯璲			伯琎	伯琫
			赠武义郎子恢											秉义郎子愉		

	希铤															
师悆	师幵	师烈	师恚										师直	师中	师觌	师罕
伯珹						伯虎	伯彪	伯虓	伯虢	伯□	伯惠		伯虑	伯虘		
					左朝奉	子纺						武节郎	子绛			
				赠右朝	散大夫	令刊										

	希燕	师邻	
	希认	师丰	伯虚
	希[illegible]		
与儒	希谛		
	希[illegible]		
与僖	希试		
与垺	希溱	师[illegible]	伯诃
与浆	希椰	师憨	
与櫆			
与[illegible]	希樺		
与畚			
	希椆		
	希灟	师髣	
与倛	希[illegible]		
	希欄		
	希滏	师炁	伯[illegible]
	希渫		

			伯⿱虍貴	
	希沅	师炳	伯虤	子绋
				训武郎
				子绩
				子纯
与焘				
与铸				
与堬	希伉	师衮	伯处	
	希⿰王开			
	希琈	师爚	伯彪	
	希备	师陵	伯肤	
	希霞			
与排	希霓	师⿰口啬		
		师镠	伯虚	子综
				武经郎
			伯膚	
			伯⿰虚攵	

						伯䜳	师焆	希椽				
					子温							
					子孚							
				右班殿直令玎								
			右领军卫将军世涠	西头供奉官令倮	承节郎子阊							
					成忠郎子侃	伯庆						
			崇国公世设	左班殿直令泌								
				右侍禁令𫍣	子其							
				西头供奉官令焴	保义郎子奇	伯贤						
				赠武翊								

大夫令锐	修武郎子静	伯隆		
		伯潆	师滮	
		伯通	师亦	
	赠武经大夫子蘇	伯陕	师铭	
			师坣	
			师濬	
		伯防		
		伯阡		
		伯陵	师廉	
		伯陪	师郜	
	保义郎子靖			
武翊大夫令玓	秉义郎子怿	伯洙	师谌	希蓧

		孟柜	孟枌	孟檏	孟棱	孟桐										
					与俱	与儁	与岱	与偣					与涧			
希翃	希樗	希湝					希瑢						希琇			
		师谏							师訚	师谆	师椭	师楠	师杨			
											伯沂					伯书
														忠训郎	子恺	子怀

					子鼎							
				忠翊郎令烾	子高							
					子仁							
				修武郎令刴	子崇	伯璜	师佋					
							师俟					
						伯琪						
		瀛州防御使、河间侯从□	太子左清道率府率世期	赠冯翊侯令谍	追封房陵郡公子崇	伯达	师温	希湀				
						伯逢	师或	希景				
								希勋	与德	孟醴		
										孟醁	由傛	
								希勤	与贤	孟深	由钦	

由诗　由钟　由鉴

孟淑　孟汾　孟贯　孟德　孟永　孟瑓　孟璿　孟琪　孟琣

与命　与惠　与恭　与溍　与智　与直

希𪻐　希珽

师闵　师颜　师卨　师晖

伯彦　伯□　伯述　伯夔

						由谊
						由言
			希瑛	与奥	孟为	
					孟珍	
				与珙	孟鉨	
					孟钟	
				与乐		
	伯⿺辶佥					
子驷	伯逈	师俊				
		师原	希訚			
			希颀	与珌		
				与琢		
				与瑝		
			希闼	与镰		
		师遗	希俥	与瞵		
				与睐		
		师履	希伴	与皎		

				与唤		
				与瞻		
			希澩	与暧		
			希徇			
			希俗			
			希徭			
			希傲			
追封建安侯子瑱	伯迁					
	伯述	师文				
		师欣	希秤	与采	孟廥	由仕
				与折		
		师禔	希硂	与[illegible]	孟迕	
					孟浍	
					孟[illegible]	
				与轨	孟淲	

师禑	希玑	与微	孟庢
			孟陑
		与徾	孟傧
			孟倰
			孟倯
		与待	孟佁
			孟任
			孟俸
			孟儹
	希偕	与徧	孟旸
			孟偕
		与仙	孟㐻
			孟僔
			孟佁
	希悚	与徯	
		与徽	
		与徥	

武节大夫子庄	伯通				
	伯遟				
	伯修				
	伯仁	师致	希裕	与型	
				与羌	
				与耑	
		师阐	希祖	与铳	
	伯伦	师钐	希璘	与麟	
				与甄	孟逯
				与壕	
			希闳	与滂	孟琫
					孟琀
				与昶	孟瑒
				与暶	孟玣
				与曜	孟烊
					孟燧

孟熺							
			师道	伯贤	子礼		
		希澧	师诚				
			师举				
				伯坚			
				伯权			
				伯贡	三班奉职子养		
					子裳		
					太子右监门率府率子并	赠荣国公、谥恭敏令穰	吴兴侯世经
					三班奉职子奇		
					三班奉职子章		

令	子	伯	师
	右监门		
	卫大将		
	军、领		
	贵州防		
	御使子	伯钎	
	崛秉义		
	郎子獒	伯璋	
		伯沆	
	再赠朝		
	奉郎子		
	请	伯珹	
		伯琇	
		伯玊	师助
			师勔
赠彭城	训武郎		
侯令松	子端		
	三班奉		

职子瑀					
修武郎 子博					
从义郎 子琁					
成忠郎 子逮					
武德郎 子竦					
武经郎 子倲	伯忐				
	伯恣	师孟			
		师玎	希岦		
		师武	希臻	与菿	
				与荛	
				与葽	
	伯思	师雄	希罕	与倎	孟钊

孟铆 孟壅 孟篁 孟壂

与镰 与碱 与迠 与逡 与蓮 与進 与準 与漅 与鑐 与笵 与簣 与箪 与帘

希育 希壹 希懋

师言

伯丞

训武郎子宏

赠清源侯令箫	承义郎子竘				
		伯忠			
		伯愈			
		伯愿			
			师孝		
				希秭	
				希穉	
				希稔	与[illegible]
				希穋	
				希穊	
			师儒	希咮	
				希端	
					与蓸
			师蘵	希杲	与溇
		伯惠	师苌		
		伯思			

	武节郎子戉	伯易	师孚			
			师献	希钒	与袖	
				希㙇		
				希焰		
		伯畅	师仍			
赠和州防御使令勣	修武郎子卓	伯璿				
		伯玑				
		伯瑑	师图	希溙	与远	
				希汼		
				希濡	与稜	
					与楷	
					与棂	
			师白	希锚	与怩	孟洼
				希铨	与煖	

			希钏	与照
				与煠
			希钠	
	伯玠			
从义郎子意	伯瑰	师轭	希武	
			希威	
			希戬	
	伯琮			
赠果州团练使子彦	伯玫			
	伯玩	师榛	希棨	与迤
				与送
				与迪
				与还
	伯璩	师淳	希楙	

孟壂	孟鑵															
与烋											[illegible]				与雯	
希郴					希进	希辻	希迨	希迁	希这	希迕	希迴	希迢	[illegible]	[illegible]	希逯	希迪
		师灏	师瀹	师潞	师軥	师辂	师辖			师轧			师辐			
					伯琏											

令	子	伯	师	希	与
				希遭	
				希延	
			师钬		
			师铁	希邈	
			师轻		
		伯琦	师讱	希焦	
				希蔗	
			师讼		
			师谂		
右班殿直令棐					
赠武德郎令语	武德郎子涛	伯璘	师谌		
			师庑	希赞	与佟
		伯琳			
	子溪				
	忠翊郎				

		子翊				
		秉义郎子薪	伯琄	师称	希儹	与社
太子右内率府副率世略						
东阳郡公世复	太子右内率府副率令匹					
	赠彭城侯令逌	子幸				
		子彦				
		从义郎子㴔				
		承信郎				

	子安					
	子俣	伯和				
		伯扣				
太子右内率府副率令珠						
右侍禁令溶	朝散郎子绅					
	秉义郎子纯					
	秉义郎子纪	伯楫	师运	希坍	与谚	孟瞳
						孟瞻
						孟暍
				希种	与诜	
					与谒	

				希武	与迻	
			师追			
			师述	希稔		
			师逢	希仏		
			师辽			
		伯相	师遂	希伸		
			师逵	希稷	与詧	
					与謵	
					与訾	
武经郎令宁	朝散郎子绅					
	修武郎子俅	伯邅	师川	希声	与栟	孟珂
						孟珍
						孟瑄
		伯迧				
		伯逭				

承信郎子倚	伯戢	师溥	希瑮	与晔	
				与曦	
			希晦	与瞌	孟腾
				与暎	孟膉
				与赫	
				与曢	
				与暚	
			希珆	与曛	
				与晖	
			希珦	与晫	
				与曀	
		师洽	希琖		
			希玿	与邃	孟𬭚
					孟镲
			希珕		
			希琥	与遞	

			与逾				
			与遽	希历			秉义郎子纯
			与邅				
							成忠郎子仁
						伯源	
						伯清	
						伯润	
						伯山	
				希蓪	师迸	伯屾	
							赠武略郎子傅
					师永	伯崧	
						伯岩	
					师焫	伯崑	
						伯嶪	
						伯岌	
						伯峑	
						伯岗	

					子晋							
					子偁							
					子攸	伯先						
					承信郎							
					子杰	伯琳	师澧	希熮	与磐	孟嚞		
							师濎	希[illegible]	与钘	孟塺		
									与儴	孟喆		
								希炓	与阅			
								希燫	与饬			
									与餤			
									与浮			
							师洛					
							师淮					
							师戆	希欘	与有			
								希傜				
						伯瑅	师肃	希侗	与濬			
									与温			

			与潒			
					师歆	
			与玣	希侪	师行	伯任
			与瀊			
			与琨	希伉		
			与漳	希侣	师诘	
			与玕			
				希伍		
				希隽	师勃	
			与荧	希俦		
					师久	
				希傲	师烄	
				希仡		
			与琊	希倞		
					师[illegible]	
				希仕	师讣	
				希偃		

太子右内率府副率令相	子颙				
赠汝南侯令琤	子康	伯倧	师昶		
			师镇		
			师鋆		
	成忠郎子庠	伯颏			
	累赠中奉大夫子麃	伯虎	师席	希鼐	
				希橧	与沛
				希揩	
				希椎	

伯养	师戚	希遭		
		希暹	与諓	
			与誋	
	师夒	希祐	与佸	
			与𠈻	
			与佛	
		希机		
		希襦		
	师曑	希袊	与意	
			与悊	孟华
			与𬭩	孟襟
		希社		
		希褥	与𢚧	
			与懯	
		希裓		
		希褐	与㦁	
		希褾		

与埳	希襅					
与俻	希尸	师曼				
		师贳				
					赠右屯卫将军令焞	昌国公世豪
					右班殿直令漨	
					武德郎令蹈	
				子纲	敦武郎令踊	
		师中		子绘	从义郎令跋	
	希邹	师本				
	希卯					
	希烊					

				师传	希鄂	与逌
					希铼	
						与斗
					希镳	与术
				师俊	希铺	与渁
				师偕	希灉	
				师位		
						与佺
					希逐	与僄
					希遞	与撞
		加赠中大夫子校	伯瑮	师儦	希遳	
		子朴				
洋国公世奖	赠武略郎令薇	忠翊郎子栱				
			伯端			

	与湕			
	与演	希诩		
		希谋		
	与柤			
孟镆				
孟鋾	与檬			
	与桴			
	与棠	希潋	师傈	伯溌
孟谭	与禶			
	与衿			
	与祦			
孟靓	与䙊			
	与裪	希逌		
	与回			
孟適	与遈			
孟楹				
孟桼	与遒			

										孟铜						孟墒
与僭	与晣	与暖	与曦	与性	与忱	与樟	与栉	与逧	与邅	与適		与倩				与濬
希佥			希⿰讠虎				希⿰讠昆			希许	希⿰讠布	希⿰讠乃		希诱	希谓	
师懿												师宲	师惟		师嫌	
												伯琪				

													孟溱	孟泓	孟淮	
与㭰	与俾	与偪		与蓰	与侊		与稳	与穋	与焦	与骐	与僬	与足	与栯			与橧
			希蹊	希该		希调	希谯		希逵		希诮	希乂	希过			
				师叡					师恕			师明				
												伯价				

				希迁	师祊	
					师禂	
					师祫	
						伯璠
				希侧		
			与汀			
			与渫			
			与豥	希镯	师壄	伯珩
						伯璘
			与扛			
			与擻			
			与抦			
		孟煡				
		孟烊	与楪	希加		
		孟倰				
		孟徛	与欗	希前		
		孟汯	与栎			

			与偿	与仆	与俚										
希□			希嶷	希诒		希诇			希郏	希鄞	希鄱	希鄘	希郝	希郾	
			师岩				师偕	师嘏	师喜						
		伯琦	伯珒					伯琠							
	再赠奉直大夫	子榿													子楇

					子梅							
				右朝请郎令芹	右迪功郎子铸							
					保义郎子垠	伯共						
					从义郎子艮	伯豫	师汜					
							师镄	希瀐				
								希淧				
							师镏					
						伯玵	师侳					
						伯珰	师锯					
					成忠郎子止							
			太子右内率府副率世									

名

宋史卷二二四

表第一五

宗室世系十

太宗九子：长汉王元佐，次昭成太子元僖，次真宗，次商王元份，次越王元杰，次镇王元偓，次楚王元偁，次周王元俨，次崇王元亿世绝。

汉王房

汉王、谥恭宪元佐	汉王、谥懿恭允升	韩国公、谥恭简宗礼	赠眉州防御使、通义侯	惠国公	三班奉								

			仲翘	士蓢	职不倾							
					三班奉职不愠							
					三班奉职不亶							
			赠右屯卫大将军仲髦	崇国公、谥义□士竞	右班殿直不间							
					右侍禁不匮							
					三班奉职不述	善嘉	汝弼					
					保义郎不党							
					保义郎不暗							
			惠国公	太子右								

仲轫	内率府副率士绮					
	东平侯士穗	右朝议大夫不猛	善琚	汝檣	崇禧	
				汝杆	崇襟	必僖
						必攸
			善瑛	汝霖	崇视	
		训武郎不狷				
		不毒				
		不畷	善遵			
			善述			
			善迷			
	武德郎士邕	不惑				

				士旸	
				成忠郎	
				士如	
				成忠郎	
崇構	汝铃	善[讠亡]			
崇德	汝鎜	善愆	不汲	士亚	
				修武郎	
			不杰		
	汝慄	善利	不勇	士庭	
				武功郎	
				直士錤	
				右班殿	
				直士劢	公仲苍
				右班殿	高密郡
				士[日嫛]	
				右侍禁	
			不忒		

高密侯宗道	钦国公仲謍	华阴侯士貮	从义郎不昧	善信	汝均	崇翥	必倒
						崇沐	
						崇琊	
						崇琁	
					汝漉	崇礼	必写
							必寀
							必寋
							必奈
							必宾
							必𡧡
						崇梋	必寅
					汝嘐	崇届	必钾
							必铕
						崇町	必渑
							必溾
							必漫

									必濤			
								崇畾	必纖			
									必缅			
									必经			
								崇留				
							汝仲	崇渫				
						善栐	汝裛					
							汝袠	崇潒				
								崇讶				
								崇涢				
								崇渎				
							汝装					
							汝裴					
					忠翊郎不失							
				荣州防御使士	三班奉职不竭							

宗	仲	士	不	善	汝	崇	必	良
		诂	不□					
			不谏					
		从义郎士啓						
	右监门率府率仲苏							
滕王、谥恭孝宗旦	荣国公、谥安恪仲玘	赠左屯卫大将军士佐	赠左屯卫大将军不疑	善贷				
				善一	汝贤			
				善及	汝方			
					汝作	崇傅	必蓬	良谘
							必迎	良诚
						崇名		
					汝为	崇圣	必丞	
							必望	

				崇喻	必谱
	武经郎不湎	善持	汝翼		
		善良			
		善振			
		善珍	汝卣	崇异	必昉
			汝磋	崇途	必讲
					必讶
					必𬤝
				崇逡	必𬤛
					必𫍰
					必诪
		善耐	必磬		
襄阳侯士归	右班殿直不悔				
	忠训郎不慓	善断	汝勋	崇杉	必琥

良份 良僚 良伷 良值 良倅 良涂 良俫 良涝 良沂 良溫

必竢 必琁 必铭 必谊 必缵 必瀚 必有 必伍

崇笃 崇福 崇莱 崇祇 崇裡 崇𥛚

汝章 汝选 汝熙

			汝佫	崇俱		
				崇僇		
			汝兴	崇邦		
				崇偲		
			汝隮			
	承节郎不怿					
邠州观察使士箵	武翼郎不骄	善积				
		善建				
		善衙	汝昷	崇畬	必泜	良䡫
					必澳	良柞
				崇穗		
				崇栻		
				崇杓		
				崇栢		

								崇稟	必次			
							汝盅	崇派				
								崇杅				
					不厌							
					从义郎							
					不僭	善建	汝宠					
							汝退	崇迨	必瑚			
									必⿰王著	良轲		
								崇⿰木专	必煣			
									必⿱来三			
									必援			
								崇楈				
							汝简	崇椼	必琏			
									必珑			
									必璋			
								崇⿰钅悤	必⿰氵煮			
									必泳			

				崇边	必肆
					必镀
					必铿
				崇栎	必琤
			汝汲	崇迹	
				崇宕	必镈
				崇邅	必偱
		善明	汝愿		
			汝卫	崇𤩽	必垄
	成忠郎不竞				
	不武				
	不虚				
太子右监门率府率士珝					

				武德郎士泞	武节郎不傪	善确	汝泑	崇葳				
			右屯卫大将军仲寅	右屯卫大将军士嗢	成忠郎不危	善翚						
						善毣	汝𥚃	崇蘼				
								崇傅	必潗	良安		
										良定		
										良赛		
								崇侍	必沿	良械		
										良檏		
					承节郎不溢							
					保义郎不悍							
			沂国公、谥敏□	内殿崇	宣教郎							

仲淹	班士彰	不愤				
		承信郎不悱	善仕			
			善仪			
			善熵	汝为		
				汝夏	崇晳	
					崇襄	必㬎
						必昜
					崇壁	必晷
						必晨
					崇枸	
				汝枳	崇霸	
			善偘			
			善僤	汝兰	崇曨	
					崇定	必仝
						必薰
						必□

必这	崇憇	汝有	
必⿰王者	崇罳		
	崇宷		
必璇			
必璁			
必璝	崇蒹		
	崇恖		
必璔	崇宪		
必璡	崇奇		
必瑂	崇惫		
必⿰王夜			
必珏			
必璐	崇㤅	汝禹	
	崇陵		
	崇畯	汝舜	善侹
	崇仵		
	崇复	汝察	

			必珖
			必消
	汝万		
	汝赍	崇遾	
		崇渌	必琣
			必玧
		崇坑	
		崇邹	必穞
		崇日	
		崇由	
	汝达	崇督	必椭
			必枳
		崇晡	
		崇瞰	
	汝聳		
善侍	汝丞	崇佯	必质
			必濼

必莉					必栻	必榛							
崇熠	崇觐	崇[illegible]	崇[illegible]	崇屏	崇切		崇垄						
汝退				汝迳				汝辨					
									善信				
										不怯			
											太子右监门率府率士放		东头供奉官士

	澧	不夸
		不倚
	武经郎士粤	不盈
		不肆
		不燿
		不怠
建国公、谥荣安仲浃	太子右内率府副率士辂	
	西头供奉官士璊	
	右班殿直士锕	
	左班殿	

直士洓				
右班殿				
直士库				
从义郎				
士觌	不佽	善颀	汝礼	崇淑
		善岭		
		善颧	汝嶟	
			汝屹	崇栿
			汝嵢	
	不贪			
武翼郎				
夫士庨	不藏			
	不清	善昵		
		善昈	汝鏖	崇磁
				崇硍
				崇礹
			汝荃	崇碖

			崇礵		
不浊	善明	汝硟	崇櫄	必玫	
				必玝	良僁
				必琲	
		汝槎	崇𬊈	必徙	
		汝椱			
		汝归	崇璌	必诵	
				必谏	
				必瀵	
	善辉	汝槌			
	善昐	汝温	崇㫧	必蓁	
				必菽	
			崇惎	必蕳	
		汝鍪	崇悳		
			崇怱		
		汝鈭	崇忢		
			崇恝		

								崇榙				
								崇枪				
								崇惏				
							汝鎜					
							汝錾	崇櫲				
								崇溽				
								崇澲				
				忠训郎士统								
			右监门率府率仲適									
			房国公、谥良□仲戡	右班殿直士湉								
				武翼郎士仅	从义郎不讷	善举						

善荴	汝庚			
	汝亹	崇宥	必選	良瓅
			必齎	
		崇察	必逍	
		崇康	必賕	
			必阮	
	汝雍	崇害		
		崇宅		
	汝亶	崇审	必蕭	
		崇宫		
	汝膺			
	汝享	崇窣		
		崇寰		
		崇冢		
	汝变			
善孳	汝荷	崇衡		
		崇往		

														良僎		
						必儶						必儚	必俱	必傃		
		崇晼		崇琎	崇谢	崇琇	崇铪	崇锥	崇锎	崇錍	崇玥			崇璌	崇蒡	崇徥
汝征		汝淅	汝桎		汝灌	汝故				汝於				汝忘	汝旋	
善渊																
忠训郎不诉																

			汝楆		
			汝樒	善仲	不讦
					不诎
	必宧	崇孝			
良倣	必寓				
良珽					
良瑛	必害	崇诠			
良晙					
良珞					
良瑶	必富	崇信			
	必寋	崇悫			
		崇诮			
	必谊				
	必齐				
	必宓	崇彷			
		崇华	汝枅		
			汝杖		

			汝棒			
东头供奉官士涧	不适					
中大夫士瞰	右通义郎不䇯	善苍	汝齐	崇岘		
				崇辅	必寯	良标
				崇豉	必宅	良杖
						良槁
			汝积	崇骏		
				崇骥	必宲	
					必铈	
					必镶	
				崇𬴊		
				崇牺		
		善回	汝庠			
			汝宫	崇燕	必堬	

从义郎不芫	善象			
右通直郎不慕	善崈	汝修		
		汝澴	崇潩	
		汝廛	崇柯	
			崇弈	必訑
				必謵
				必譁
				必詅
			崇弇	必瀐
	善璟	汝弁	崇迦	
			崇迶	必僕
				必俙
				必伔
				必佀
		汝鄘	崇樵	必宴

			善涛			
			善滂			
		不茹				
		不苛				
	忠训郎士钦	不逸				
	武德郎士瞻	不怍	善份	汝濂	崇涉	必楀
					崇庸	
		不惋	善掌	汝猗	崇权	
				汝徙	崇煠	
	成忠郎士衎					
东阳郡公仲瑗	奉议郎士缪	不绛				
		不华				
		不忮				

								武经大
					汝燚	善謷		
						善诤		
						善讱		
				崇杲				
				崇橐				
				崇毕	汝漕			
					汝浃			
					汝沆			
			必圩	崇亲	汝湜			
				崇檠	汝知			
					汝居	善革		
						善对	不越	士绚
							忠训郎	武经郎
							不求	
							将仕郎	
							不恃	

				夫士纶								
				秉义郎								
				士缃								
				武翼郎	秉义郎							
				士约	不嵎	善[illegible]	汝槻	崇骃				
						善苒	汝椳					
						善齿						
						善楔						
						善萱						
						善[illegible]	汝侵					
							汝傛					
						善拨	汝梃	崇淘	必棣			
							汝探					
							汝棔					
							汝槛					
							汝椸					
							汝[illegible]					

			善启	汝棓	崇历	
			善渝	汝僙		
				汝沚	崇采	
					崇桀	
赠少师、太原郡王仲孫	奉议郎士斗	成忠郎不吝				
		保义郎不悳				
	武略郎士申	武翼大夫不斀	善坔	汝赞	崇仍	必鍱
				汝濂		
				汝复		
			善沵	汝镳	崇穹	
				汝钣		
			善谚	汝峃		
				汝柮		

	善庠	汝谘	崇铲	
			崇轸	
			崇鍑	
		汝讵	崇柞	必埻
			崇檵	
		汝谱	崇铄	必缨
				必綖
			崇轪	必傚
武翼郎不僣	善饬	汝罣		
		汝瀏	崇坫	
			崇球	
			崇逮	
			崇墅	
		汝罤	崇遭	必珍
			崇逃	必玜
		汝箬		

安康郡公仲仓	右班殿直士嵋				
	右奉议郎士祃				
	左班殿直士韦				
	忠翊郎士甫	保义郎不竞	善洇		
				汝总	崇弇
				汝绊	崇浣
					崇濮
			善劓	汝𬘓	崇坌
			善弈	汝儇	
				汝湧	
				汝续	崇裳
			善罴	汝係	崇椥

汉东侯宗楷

赠少师，荣国公，谥孝良仲皋

右班殿直士鉴

右班殿直士炽

秉义郎士谋　不动

房陵郡公士富　三班奉职不晞

宣德郎不愆

承议郎不恣

武翼郎不怼

成忠郎

不戁				
保义郎				
不惑	善湑	汝墰	崇镄	必愕
				必數
			崇钵	必傣
			崇鉊	
		汝㙐	崇篷	
			崇尊	
	善悌			
	善怜			
	善损	汝饎	崇袭	
			崇旌	
		汝饰	崇激	
			崇汀	
			崇潧	
			崇泄	
	善怜	汝昨	崇璝	

良俊	良偩													
必傣														
崇湍					崇戒									
汝暄		汝曠	汝曜		汝坚									
					善什									
				忠训郎不愍			右班殿直不怪			不弃		不厌		承节郎
						赠左领军卫将军士品		武节大夫士阎	武翼郎士葆		武翼郎士莅		东头供奉官士	

				咥	不漾							
			高密侯仲侔	建国公士极	武义郎不刚	善修						
						善迁	汝霖					
							汝楫	崇贤	必漌	良滋		
										良浽		
								崇武	必浰	良浤		
										良镃		
										良钱		
									必渲	良璸		
									必洨	良琛		
										良琖		
							汝砺					
						善建						
						善治						
					武翼郎不贪							

	修武郎不踦						
	训武郎不求						
	从义郎不貳	善存					
	右班殿直不捽						
北海侯士鏜	三班奉职不同						
	武训郎不刿	善积	汝惠	崇囦	必腾	良倧	友悬
							友慈
							友悌
						良佰	
					必方	良俌	
				崇濬	必赞	良仕	友憲

										良係	友愿	
							汝广	崇冰	必布	良泗		
						善从	汝规	崇昭	必洪			
									必澶			
								崇藿	必全			
									必建	良样		
									必澰	良臬		
										良梁		
							汝肖	崇恭	必铉	良珊		
									必棫			
								崇丽	必法			
									必豪	良榜		
										良檻		
								崇洛				
						善与	汝奇	崇磋	必亮	良環		
										良琑		
										良玥		

		良瑀						
		良瑹						
		良週	必励					
	友偕	良适	必祥					
		良珇						
		良滢						
		良潩	必侃					
		良汛						
		良渊						
			必倡	崇碛				
	友暧	良玧	必载					
						善缚	秉义郎不夺	
							不迁	
							修武郎不惧	
							保义郎	

					不懈							
					保义郎							
					不蹶							
					不忮							
					不蒯							
				武经大	保义郎							
				夫士晋	不怠							
				西头供								
				奉官士	保义郎							
				闻	不敏							
					不回							
					不溢							
					不侮	善逯	汝贇	崇焄				
								崇蕙				
								崇恧	必历			
									必垔			
									必□	良瓌		

良茌											良镄	良铧				
必陘			必闸	必訚	必閍	必闺	必闶	必阑	必[illegible]		必傶			必[illegible]	必[illegible]	
		崇羔	崇依			崇征		崇侚	崇倆	崇僟	崇仍		崇侩	崇滂		崇傂
		汝宾												汝[illegible]		
	善迪	善述														

					崇併			
	右班殿直士渤							
	从义郎士朋	不沬						
		承节郎不危	善訚					
			善闰	汝堅	崇俊			
					崇偦			
赠左屯卫大将军仲参	洋川郡公士伷	武节郎不器	善祥	汝璀	崇皋	必得	良简	友偓
								友倘
								友保
								友芟
							良籈	友萓
						必庆		
						必豫		

						友谠										
				良窒	良淮	良澊	良池	良潍	良濯	良煊	良熔	良筊	良寰	良[illegible]		良潜
必茂	必奋	必行	必卫	必亲	必伸					必濬			必召		必张	以恪
崇节		崇愿		崇逊												

		必赈			
友诩	良佺				
	良侁				
	良傅				
	良仪				
友识	良俨	必赒	崇遵	汝一	善元
	良仅				
	良保	必悦			
	良伻				
	良幸				
友□					
友□					
友□	良复	必□	崇□		
		必□			
		必贯			
	良伺	必共	崇悊		
		必瀷			

良袷	良埭	良壢	良渌	良铸	良福	良⿰王费	良⿰王关	良⿰王贝	良玠	良佋	良储			良僐	良任	良偕
必洽					必嘻				必和		必赐	必赋	必贶			必瘵
									崇彰							

			崇信	必忠	
				必知	良璭
			崇秀	必贤	良儁
					良偘
		汝绰			
	善谷				
	善嘉				
	善时				
	善世				
武显大夫不习	善谦				
	善颐				
	善顺				
	善履				
	善益				
	善良				
	善俯	汝动	崇[illegible]		

良伉			良珫	良[illegible]	良[illegible]											
必琦	必璲	必濡	必涓			必洽	必滤	必漼	必烊							
崇仕		崇任							崇善	崇玑	崇璋	崇私	崇琳	崇钲	崇运	崇造
										汝达					汝鹗	

					赠朝请大夫不忧	善渊	汝徖	崇说				
								崇颢				
							汝弼					
					不虑							
					儒林郎不慭							
				士珵	不器							
					不嚣							
			右监门率府率仲晊	赠中奉大夫士许	朝议大夫不韦	善应						
						善广	汝搴	崇表				
								崇裱	必镨			
								崇堦	必鍒			
						善僊	汝萌					

				汝畤			
	右班殿直士暇						
	右侍禁士趨						
赠少师、景国公、谥孝恭仲廖	华阴侯士赣	右班殿直不愁	善武	汝淋	崇勲		
				汝为	崇德		
			善慤				
			善渊	汝溎	崇像		
					崇祚	必仍	
				汝湄	崇珂	必铎	良坜
					崇宁		
					崇道	必径	
			善悜	汝忖			

	必埰										
	崇灆	崇詥	崇[illegible]								
汝忯	汝璐			汝[illegible]	汝渚	汝渥					
					善约						善结
							三班奉职不愚	三班奉职不恳	武经郎不愗	从义郎不誓	赠武德郎不慾

		必清				必掌	必党	必⿰钅从							必⿰木衣	
崇珶		崇摇	崇捰	崇⿰扌丂	崇⿰王乐	崇⿰王肯	崇⿰王卜	崇⿰王并				崇⿰彳圭			崇盅	崇⿰日盄
汝宜	汝参	汝韩		汝礼				汝谷	汝表		汝载	汝戮	汝要	汝亮		汝皋
									善皓							善蜎
										武翼郎不息						

				崇珈		
			汝倩			
			汝颐	崇骃	必玑	
					必竜	
		善赴	汝睦			
			汝愷	崇𤩲	必灖	
					必河	
				崇瓖	必偯	良锜
					必便	
				崇琯		
				崇熿		
				崇钺		
右班殿直士中						
修武郎士僜	保义郎不借	善碁	汝潓	崇澧		
				崇游		

				崇澳								
				崇季	汝戜							
				崇鐁	汝誧	善浓						
				崇迠								
				崇费	汝告							
				崇贸								
					汝裒	善卞	赠朝散 郎不武					
			必釭	崇埲	汝的							
			必镆	崇壔								
				崇遯	汝頔							
				崇迸								
					汝燓							
				崇坣	汝勉	善濩						
					汝斐							
					汝敦							
		良雾	必锌	崇垓	汝敔							

							善退	
						汝弃	善岊	不樍
								秉义郎
								不佞
								不偿
							善沐	
						汝勤	善洽	
							善澈	
		良雩						
		良靁						
		良震	必铝	崇增	汝□			
					汝志	善源		
			必鎏					
			必铬					
			必钠					
		良霖						
		良雩						

不竞

左班殿直士侍
右侍禁士傚
从义郎士僚
敦武郎士例
从义郎士僎
武节郎士仪
右班殿直士僐
修武郎士偓
右班殿

金城侯

	仲冉	直士瑨				
		东头供奉官士侊				
		东头供奉官士榹				
		承义郎士曤				
遂国公，谥□密宗愨	荣国公，谥良靖仲处	右班殿直士玑				
		朝请郎士忖				
		武翼郎士惇	承信郎不倮	善鍊	汝能	崇麗
						崇葍

							汝洐	崇褒				
					不佹							
			仲涵									
			高密郡公仲为	右侍禁士𬤊								
				敦武郎士询	不率							
					保义郎不俳	善逻						
						善谟						
						善讣						
		汉东郡公宗回	婺国公、谥孝修仲革	太子右监门率府率士对								
				洋川郡公士纵	不求							

保义郎不渍						
武经郎不漪	善特	汝胜	崇讬			
			崇诵			
		汝勔	崇揗			
		汝烜				
		汝傈				
		汝倦	崇锗			
			崇镨			
		汝侔				
		汝儋				
武节郎不愚	善壁	汝鉴	崇□	必恭		
				必新	良讱	友楷
					良諟	
					良谨	

				崇靖		
			汝滐	崇圹	必⿰火即	
					必⿰火虚	
			汝稠	崇锃		
			汝秀	崇坏		
				崇墒		
				崇墟		
				崇墣		
	三班奉职不矜					
济阳侯士凭	武翼郎不息	善渊	汝歆	崇经		
				崇橙	必溥	良炤
			汝□	崇⿱文灬	必礼	良愉
						良炅
				崇珹	必纮	良性
					必绅	

					必纲	良慽
					必绂	良憸
			汝季	崇[illegible]	必钢	良極
					必鍴	良锌
						良枂
					必鋋	良欀
						良槂
				崇瀷	必珃	良曜
						良楹
					必[illegible]	
			汝弦	崇楳		
				崇枞		
	成忠郎不倨					
博平侯士证	忠训郎不掩	善咸				
		善长	汝旨	崇傚	必璒	良墂

良埚	必珈		
	必裕	崇侑	
	必澡		
	必琊	崇仔	
	必□		
		崇侣	汝讲
		崇伾	
良瀑	必□	崇坑	汝瑻
良偩	必烤		
良付			
良淀	必微		
	必倍	崇墉	
	必倨		
	必偩		
	必適	崇盂	
	必遼		
良碤	必遺		

	良[illegible]				
				汝弼	善嘉
					善藏
			崇郁	汝鸣	善膝
友铤	良睐	必曜	崇竦		
友镞					
	良晔				
		必晙			
				汝功	
	良钎	必浗	崇樸	汝言	
	良钺				
	良錾				
		必铕	崇䌽		
			崇霙		
			崇壹		
		必汯	崇茙		
		必濈			

						良傗	良徽			良桀				良儇	良倈	良德
							必鋻	必锴	必浆	必泉	必渌	必荣	必淶		必浏	必珹
					崇新			崇坚							崇霖	崇溢
	汝明			汝尢				汝畤								
	善谷	善陈	善从													
忠翊郎																

	不贪	善长		
		善达	汝莅	崇伊
内殿崇班士佂	承务郎不约			
	修武郎不荼	善阵	汝漈	崇饬
			汝泳	崇溧
				崇□
			汝□	
		善艾	汝藏	
			汝光	
			汝沂	
			汝贯	
			汝琠	崇霞
				崇⿱雨鹿
	赠从义郎不吝	善羿	汝勇	崇琫

								崇文				
				赠武经大夫士翀	赠通义郎不言	善铋	汝櫲					
							汝桎	崇儹				
								崇倈				
							汝榭					
						善簧	汝扐					
							汝勉	崇仆	必铤			
								崇供				
								崇傕				
					忠翊郎不亦	善偣	汝愒	崇惔				
								崇憘				
								崇惿				
								崇㤏				
								崇慓				

		汝蓬	崇怿	
			崇憧	
		汝延		
		汝笾	崇悃	
			崇怦	
		汝遭		
		汝薳	崇怙	必浆
			崇⿰忄摩	
	善暮	汝⿱亠日	崇珕	
		汝惟	崇量	
成忠郎不齐				
赠朝散大夫不⿰忄差	善恭	汝玜	崇镠	必澂
				必洁
			崇釭	必湝

		必洰	
		必寿	
		必沼	
	崇鋬	必漨	良□
			良礏
		必瀍	
		必浦	
汝玸	崇鐭	必橀	
		必镕	
	崇锤	必浓	
		必汛	
汝琜	崇铋	必桸	良圻
		必楒	
		必杅	
		必棉	
	崇镈		
汝琗	崇𣡕		

	崇僁	汝瓓	
		汝琕	善谙
	崇镰	汝瑶	善䜣
	崇⿱列心		
	崇焦	汝瑱	
	崇⿱业心		
	崇垔		
	崇镨	汝珄	善译
	崇詧		
	崇碎	汝瑋	
		汝瑇	善諰
	崇憨		
必洼			
必临	崇憙		
	崇悊	汝瑴	
		汝珛	
	崇⿱大林		

							汝琭					
						善瀿	汝玟					
							汝琲					
						善嘗	汝棶	崇旂				
								崇劃				
								崇劓				
							汝桁	崇旃				
								崇旑				
								崇旝				
							汝稽	崇斿				
				右侍禁 士豨	修职郎 不忒							
					不矜	善速	汝侣	崇楠				
								崇栱	必釪			
									必锏			
								崇桂				
								崇榛				

								崇栩				
						善道	汝俨	崇集				
							汝行					
						善述	汝倖	崇礽	必梲			
								崇貌				
								崇诡				
								崇诱	必槱			
						善逞	汝佮	崇根				
							汝倨	崇邽				
								崇郏	必槿			
								崇邸				
							汝俅					
			房国公、谥僖孝仲洽	太子右内率府副率士综								
				太子右								

内率府						
副率府						
璺						
建阳侯	武翼郎					
士赡	不谖	善邻	汝英			
			汝迈	崇弁	必珝	良柠
				崇汤	必琨	良棣
					必瑊	
					必玙	
					必瑢	
				崇凯		
			汝[illegible]	崇熹		
				崇燋	必镂	
			汝愕			
	成忠郎					
	不欺					
	保义郎					

	不伕					
	不[illegible]	善招				
	不虑					
赠武德大夫士[illegible]	赠正议大夫不璧	善问				
		善信	汝复			
			汝荫			
		善行				
		善仁	汝桶	崇球	必遏	
				崇瑰	必遊	
					必邀	良偯
						良傪
						良□
				崇琰	必忿	
					必愁	
				崇塗	必讄	

			必谖	
	汝承	崇登	必週	
	汝及			
	汝阐	崇傔	必迁	
			必柎	
善义				
善嫖	汝灉	崇迥		
		崇钺	必愬	
	汝肃	崇樵	必憲	
		崇爆	必[illegible]	良蕊
		崇珌	必寀	
		崇棶		
善示	汝启	崇镛		
	汝敷	崇江		
		崇洦	必珚	
			必珞	
			必玛	

		汝庄			
		汝葆	崇墍		
			崇坚		
			崇墊		
左朝请郎不易	善美				
	善水	汝瞻	崇癸	必察	良棍
				必梁	
		汝静	崇欅		
			崇扶	必卤	
				必洶	
			崇栯		
			崇椋		
			崇杼		
			崇棈	必汜	
				必浮	
				必溢	

							汝是	崇渠	
								崇鋈	必塈
				武翼大夫士鈲					
				左班殿直士荪					
				左班殿直士㻞					
		东阳郡王、谥孝宪宗悌	荣国公、谥修惠仲颛	武经郎士诸	承节郎不瑑	善继			
						善诚			
					不玷				
				右班殿直士什					
				成忠郎士珵	不器				

							必霝	必⿰目严			
					崇鹿	崇眣	崇慰	崇庭	崇意	崇宸	
					汝憲			汝果			
				善亨	善襄						善褒
不嚣			武翼郎不危	武节郎不谥							
	右班殿直士谒	秉义郎士仰	博平侯士执								
			润国公、谥恭惠仲微								

		善亮	汝䌹	崇国	必浚	
					必潒	
			汝𬘯	崇回		
				崇圃	必初	
				崇围		
荣国公、谥良士雷	三班奉职不慑					
	武德郎不惧	善曷				
		善广	汝诲	崇棐	必炤	
					必爚	良垶
						良埥
					必焘	良增
						良埴
					必炬	
				崇樛	必灼	良漳

			汝恭	善渭
	必熵	崇栌		
		崇枹		
良埜	必煛			
	必燧	崇橦		
	必煡			
良堻	必烛			
	必燻	崇榼	汝诧	
		崇桔		
	必煿			
	必煴			
良壇	必煖			
	必燫			
	必燻	崇梶		
良游				
良垓				
良演				

		汝恭			
		汝稟	崇爔		
			崇炉		
			崇燧		
		汝棨			
		汝渠	崇炜	必琲	
			崇焯	必綦	
			崇焟	必缅	
		汝枭			
修武郎不慊	善同	汝璞	崇俵	必衢	
			崇侪	必彵	
			崇仜		
			崇侔		
			崇僬		
	善章	汝蠡	崇佾	必暎	良浝
					良浮

	良淦												良倩
必昍	必昖			必揩	必墀	必勔						必振	必迥
		崇倂	崇衮	崇褋	崇裹			崇琉	崇旗	崇旟		崇爵	
			汝傍				汝仗	汝俅			汝倕	汝孝	
			善举					善干		善十	善苧	善修	
			武经郎不作									忠训郎不比	
												通义郎士耳	

					友容	友定						友琮		友琳		
良搏	良偭	良侗	良备		良佑							良驹	良驷	良骏	良锉	良铝
必適	必遈			必遬	必遂		必逯					必计		必咏	必谕	
					崇铸		崇俦	崇溥	崇琫			崇峙,				
										汝能	汝邵	汝杰				
											善皋	善辅				

										良镨		
									必请	良樟		
										良栭		
								崇时	必诱	良檀		
										良朷		
										良窠		
				高密郡公士谒	太中大夫不愫	善汶	汝弼	崇秩				
								崇鼎	必吕			
								崇圾				
								崇如	必堣	良知		
									必壃			
									必垌			
									必⿰土遂			
								崇绶	必⿰王脊			
									必侉			
									必玎	良镂		

			崇[illegible]	必施	良弇
			崇上	必谕	
		汝忠	崇公	必玗	
				必[illegible]	良柜
					良机
					良枞
					良模
	善洵				
武翼郎不惴	善镃	汝溱	崇仁	必榱	
				必梅	
				必椆	良镣
					良镞
		汝宽	崇贤	怀何	
				必补	
				必祏	
				必祧	

		汝敏		
	善佾	汝霖	崇振	
			崇捍	必学
				必镛
				必铢
				必栩
	善伯	汝昈	崇阮	必榈
				必闉
				必授
		汝晛	崇阼	必伺
			崇隄	必偁
	善修			
忠翊郎不懈				
忠训郎不慍	善寓	汝贤		
		汝弼		

							良徭	良复								
						必瑞	必维		必纶	必约	必溶		必遒	必造	必逖	必淇
崇儒	崇俊					崇谏						崇蒲	崇咨			
汝澂						汝庆										
						善最										
		不倈	保义郎	不恪	承直郎	不敷										

			良徐					良荥							良鐆	
		必愉	必慥		必遡	必徙	必述	必念			必惣	必𢡱	必憲	必儆	必遵	必瀹
崇谔	崇详		崇谊	崇膺			崇请	崇旹	崇讲	崇记				崇谥		
			汝厦													

								崇逢	必忱	良待		
									必忻			
						善才						
						善渊						
				左侍禁								
				士暟	不愚							
				武经郎	秉义郎							
				士卬	不惙							
					不憎							
					修武郎							
					不悭	善遵						
						善迁						
						善满	汝霞					
						善潓						
						善潎						
						善湧	汝霆					
							汝雲					

			善洐	
			善沩	
			善滔	
			善淡	汝瀫
		承信郎不断		
	士蘗	不惴		
		不懈		
		不愠		
		不怜		
		不惧		
普宁郡王、谥钦修仲硕	太子右内率府副率士句			
	左班殿直士奯	秉义郎不斳		

	修武郎不棁				
宣义郎士佌	忠训郎不间	善珍			
	不渝	善懔	汝勬		
			汝后		
			汝汨		
			汝蕣	崇檀	必赫
					必報
朝散大夫士崰	武翼郎不必	善硂	汝筭	崇括	
				崇逭	
			汝玓		
	不污				
	赠朝散郎不沦	善昕	汝赓		
			汝举	崇偣	必磜

必惎	崇䙱	汝庴	
		汝廱	
	崇陻	汝庲	
		汝席	
	崇铺	汝庞	
	崇㑀		
必沦	崇儵		
	崇儡		
	崇㑷	汝庳	
	崇𧝝		
必琄	崇禟		
	崇䙷		
	崇袥	汝𢇛	善暲
			善明
		汝峰	
		汝廓	
		汝寀	

必点					必衢	必[illegible]	必墐	必鏊	必鋧	必镤	必镙			必僵		
	崇[illegible]				崇迁	崇遄		崇琜				崇椭		崇珜	崇锋	崇镫
	汝垂	汝撙	汝摹	汝[illegible]	汝霓								汝旷	汝霈	汝云	
	善晤				善暶											

必壓	必墪					必怀		必澫		必额	必颢			必浔	必徥		必玹
	崇洫	崇谵	崇诇			崇𫢸	崇傁	崇槙	崇慰		崇裴	崇櫂	崇缃	崇绛	崇纬	崇钖	崇镒
			汝庇	汝霂					汝訔			汝贾			汝雺		
			善晐														

			崇诀		
		汝度	崇瓗		
			崇泝		
		汝廕			
		汝𢈢	崇䜩	必铺	
			崇譒	必钮	
				必钋	
不溺					
不汨					
承信郎不迁	善嘻	汝芳	崇颙	必琛	
			崇颽	必玑	良筩
					良籧
					良遾
		汝薮			
		汝苩			
	善蜯	汝苾	崇頪	必轼	

				必辙
			崇頖	
		汝芷	崇预	必塱
				必壂
		汝荐	崇颉	
			崇颀	必軨
			崇頪	
	善乙	汝葳	崇顠	必瓌
				必鉴
		汝赫	崇预	
			崇顗	
不逸	善郭	汝鏓		
		汝琰		
		汝玽		
		汝汲	崇桨	必默

不	善	汝	崇	必
			崇栈	必熛
不迺	善耶	汝殿	崇柱	
			崇概	
			崇柖	
			崇栵	必爊
	善郙	汝演		
		汝澈		
		汝沦	崇𣗋	
			崇杯	
		汝滽	崇櫖	
			崇椽	
		汝浓	崇稽	
	善□	汝泸	崇杼	
			崇桅	
朝请大夫直华文阁不				

遏	善鄠	汝沅		
		汝况	崇権	必奕
			崇槽	
			崇梂	
		汝滚		
		汝淙		
	善鄭	汝沇		
		汝流	崇杞	
		汝涚	崇核	
			崇稍	
		汝能		
	善鄖	汝淲		
		汝淄		
		汝潮	崇秅	
			崇穅	
	善郕	汝涸		
		汝沱		

		汝滮		
	善酆			
	善耶			
中奉大夫、直敷文阁不迂	善鄧	汝涛	崇棣	必磲
			崇巢	
		汝湿	崇檍	必煸
			崇栟	
			崇柛	
			崇櫾	
		汝濾		
		汝洙		
		汝通		
		汝联		
	善郜	汝濾	崇梆	

赠通奉		
		汝[illegible]
	善鄘	汝[illegible]
	善郅	
	善鄢	汝塗
	善鄹	汝楅
		汝潘
		汝桼
		汝沛
		汝泫
	善鄄	汝潼
		汝湍
不遂朝请郎	善邲	汝濠
	善邺	
	善邠	
	善邴	

					大夫不迹	善邓	汝玭					
							汝瀍	崇稌				
						善部	汝浪					
							汝汃					
							汝潢					
							汝瀁	崇荄				
								崇栝				
							汝灙					
							汝䅳					
						善郷	汝熏					
						善䣑	汝徽					
						善鄘						
					朝请大夫不逌	善䎛	汝滲					
						善郢	汝湲	崇玹				
							汝渍					

						善鄗						
						善鄏	汝潗	崇樛				
							汝濬					
							汝泯	崇柟				
								崇樀				
					儒林郎不迺	善郏	汝浡	崇蒁				
							汝洞	崇枚				
						善郊	汝洼					
							汝注					
						善鄣	汝涷					
							汝決					
						善郧						
			嘉国公仲玉	从义郎士敔	三班奉职不忛							
					修武郎不使	善珢						

			善贽	汝玫
		不悚		
		不怭		
济阴郡公、谥安宪仲滂	太子右内率府副率士僅			
	太子右监门率府率士几			
	右班殿直士赈			
	朝散大夫士国	不濮		
		从政郎不厌	善修	

	崇逯	汝噩	善偯		
	崇逌				
必𡒄	崇瀞				
		汝競			
		汝回			
			善作	迪功郎不徼	
		汝侖	善坊		
		汝绣			
必释	崇熷	汝楮			
		汝炵			
				不蔽	
必咏	崇勇	汝纬	善昌	忠训郎不竭	西头供奉官士秾
	崇睽				
			善修		

			良鋈	良鉴	良堂												
必贵	必贡	必贲	必愁			必憼								必晡		必汸	必浧
崇渭			崇枢				崇暹		崇潾	崇濇	崇濂	崇漏	崇傈	崇僘	崇鋋		
汝鄣								汝尊	汝超		汝椅				汝郪		
善瑛																	

	崇测		
	崇浯		
必槊			
必棨			
必恁	崇漶		
必枘			
必朾			
必梋	崇演	汝彤	善蕴
	崇鑢		
	崇钳		
必涣	崇钞		
	崇镤		
必渚	崇钥		
	崇钸		
必淀			
必澥			
必濯	崇鑇		

			汝昶	崇硕	必贤	良泞	
					必赞	良倭	
						良惧	
				崇邵	必坣		
					必堡		
				崇峀	必賨		
				崇郕	必霫		
				崇恕			
				崇硂	必胼		
					必玺		
					必镬		
				崇砎	必镛		
		善能	汝铉	崇溦			
				崇渚			
				崇沨			
东头供奉官士							

		訒	不械赠宣教郎		
			不校修武郎		
			不柔	善秩	汝钬
	决翊侯仲点	太子右内率府副率士肯			
		内殿崇班士蹤	秉义郎不容		
	左监门率府率仲圭				
赠金州观察使、安康侯	冯翊侯仲僊	太子右监门率府率士			

宗默	阮					
	清远节度使士晧	奉议郎不倾	善长			
		赠武翼大夫不谄	善啬	汝汉		
			善补	汝霖		
			善问	汝壆		
				汝锡	崇宾	
			善交	汝理	崇攸	必沣
						必湅
					崇备	必僮
				汝剔	崇亩	
					崇寛	必瑹
				汝矸	崇贲	必淦
						必稷

良玐				良琢	良玩	良琱										
必倰	必祜			必蕙	必衡				必得		必㦤		必滋	必游		
		崇客	崇筹	崇被			崇俱	崇遐	崇祥	崇玖	崇怖	崇坍	崇择			
		汝衰						汝狩					汝效		汝昙	
		善安													善瀰	
																武翼郎

					不偎	善冷	汝霸	崇可	必恮			
						善沂	汝伃					
							汝溥					
						善玶	汝琢					
						善威	汝琚					
							汝国					
				武经郎	从事郎							
				士诵	不谒							
					修职郎							
					不恎							
					不回							
					不晦							
				敦武郎	忠翊郎							
				士诔	不盈	善益						
					左奉议							
					郎不匮	善泽	汝庚	崇稑				
								崇穗	必恣			

									必竝	
									必尌	
									必乂	
					汝俞		崇祖		必峭	
									必谐	
									必阜	
									必熙	
			善溉		汝诠		崇依		必震	良□
							崇坴			
							崇平			
							崇岵			
									必惎	
									必憇	
							崇成		必淴	
					汝刚		崇一		必琼	
									必采	
							崇筲		必慊	良蟾

							汝程				
								崇𬘓			
								崇纽			
								崇绮			
								崇𫄨	必芷		
								崇𫄸			
						善清					
					保义郎不朋						
					忠训郎不群						
						善岀	汝颜				
		赠崇仪副使宗直									